VÍCTOR A. GRATACÓS-DÍAZ

CUANDO LOS NÚMERO$ NO CUADRAN

CÓMO SALIR DE TU
CRISIS FINANCIERA Y
LIBERAR TUS SUEÑOS

PRÓLOGO POR OTONIEL FONT

En medio de nuestra crisis más fuerte, veremos el oasis que Dios nos presenta ante el desierto financiero.

V. Gratacós-Díaz

A menos que se indique lo contrario, las citas de la Escritura son tomadas de *La Santa Biblia, Reina-Valera 1960* © 1960 Sociedades Bíblicas en América Latina; © renovado 1988 Sociedades Bíblicas Unidas. Usadas con permiso. Todos los derechos reservados. Las citas de la Escritura marcadas (NVI) son tomadas de la Santa Biblia, *Nueva Versión Internacional* ® NVI® © 1999, 2015 por Biblica, Inc. ®. Usadas con permiso de Biblica, Inc. ® Reservados todos los derechos. Los textos y los segmentos bíblicos en negritas y cursivas son énfasis del autor.

Editado por: Ofelia Pérez
                    www.OfeliaPerez.com
Diagramación: Lord & Loly Graphics Designs
                    www.lordloly.com

CUANDO LOS NÚMEROS NO CUADRAN…
Cómo salir de tu crisis financiera y liberar tus sueños
© 2020 por Víctor Gratacós-Díaz

@ varóndefinanzas@gmail.com
☎ 787.745.7322
f VarónDeFinanzas
◉ VarónDeFinanzas

ISBN: 978-1-64669-825-7

Impreso en los Estados Unidos de América

Ninguna parte de este libro puede ser reproducida o transmitida de ninguna manera o por ningún medio, electrónico o mecánico -fotocopiado, grabado, o por ningún sistema de almacenamiento y recuperación (o reproducción) de información- sin permiso por escrito del autor.

En torno a
Cuando los números no cuadran… y Víctor Gratacós-Díaz

Hace varios años que conozco al Lcdo. Víctor Gratacós. Honestamente lo primero que admiré de este profesional y hombre de Dios fue su sabiduría e inteligencia al explicar con denuedo las diferentes opciones de una Ley de Quiebras. En un tono de voz adecuado y asertivo transmitió la confianza que mi corazón necesitaba para tomar una decisión respecto a esta Ley. Su trato caballeroso con todos sus clientes y su experta experiencia sobre la Ley de Quiebras provocó que me sintiera en paz y segura de que estaba ante un abogado y varón de Dios de carácter y testimonio íntegro, en quien podía confiar.

Cuando en algunas de las citas legales mencionaba a su familia o a su esposa Emily, lo hacía bajo la premisa de mostrar un gran amor por el Señor Jesucristo, por su esposa y sus hijas.

Son todas estas características las que hoy lo marcan como autor de este libro, el cual ha titulado *Cuando los números no cuadran…, Cómo salir de tu crisis financiera y liberar tus sueños*. Realmente si hay alguien que posee la pericia, capacidad, y experiencia legal para escribir un libro sobre cómo enfrentar y salir de las crisis financieras, esa persona es el Lcdo. Víctor Gratacós-Díaz.

Los años de experiencia del licenciado Gratacós como abogado no han sido en vano, y ahora tenemos el privilegio de apreciar esta pieza literaria sobre las finanzas y los pasos a seguir para ponerlas en orden cuando se avecina o llega el caos financiero. En este libro de vocabulario sencillo, pero a la misma vez de un contenido profundo, podemos encontrar consejos, ejemplos y anécdotas que nos ayudarán a restaurar nuestras finanzas.

Una de las riquezas más importantes de este libro es que desde el Capítulo 1 hasta el 17 vamos navegando y confirmando los principios bíblicos que avalan cada precepto y pensamiento del autor. Maravilloso es el Señor que nos concede un aprendizaje útil para estos tiempos, a través de este escrito que Dios permitió desarrollar en el intelecto de este hijo de Dios. Cuántas gracias doy al Señor por haberme permitido colaborar en la preparación de este gran libro que nos enseña a ser buenos administradores de nuestras finanzas. Doy gracias al Señor por usted, licenciado Gratacós, por dejarse guiar por nuestro Dios para aportar a la sociedad, con un libro que nos hará reflexionar y aprender a ser buenos administradores de los bienes que Dios nos da.

Éxito y muchas bendiciones,
Pastora Cecilia Rosario
Psy. D. PHD

Manejar nuestras finanzas correctamente y nuestros bienes es un principio necesario que necesita nuestra nueva generación, ya que este ha sido y es uno de los problemas que más produce rupturas en relaciones interpersonales, y además trae grandes efectos traumáticos, como suicidios, enfermedades mentales, que afectan grandemente nuestro sistema social y familiar. En nuestras enseñanzas he manifestado que "la mayor locura del hombre no es el estar fuera de la realidad, sino tener ausencia de la verdad". Por tanto, necesitamos ser educados en los principios de Dios, para que todos los seres humanos podamos disfrutar de todo aquello que Dios nos provee por su amor y misericordia.

Hay personas queriendo alcanzar muchas cosas sin tener en cuenta estos principios importantes en el Reino de Dios. Confío en que este libro titulado *Cuando los números no cuadran..., Cómo salir de tu crisis financiera y liberar tus sueños* sirva para renovar nuestro entendimiento y a la misma vez sea una herramienta de bendición para todo aquel que tenga la oportunidad de leerlo.

Conozco al licenciado Gratacós hace varios años y su calidad humana, su transparencia, su profesionalismo en todo lo que realiza siempre, han sido un estandarte que han impactado mi vida y la de otras personas. Su amor por la obra de Dios y su vasta experiencia como abogado en el área de la Ley de Quiebra lo hace merecedor de la escritura de este libro. En este libro encontraremos pasos específicos y definidos de cómo administrar y salir victoriosos en el área de las finanzas.

En cada capítulo el licenciado Gratacós nos hace navegar sobre la corriente de cada pensamiento e idea incorporada para hacernos meditar sobre el uso adecuado de nuestras finanzas, y reflexionar por qué muchas veces caemos en caos financiero. En esta lectura el autor nos hace ver e identificar por qué llegan las crisis financieras individuales, las crisis financieras de familia y las crisis a nivel de empresas. Aquí encontrarás cómo Dios nos otorga segundas oportunidades para reflexionar, luchar y avanzar a la restauración de nuestras finanzas.

Recomiendo este libro como un buen objetivo para tener esperanza, y ver las crisis financieras como parte de una reestructuración en el comportamiento humano, que nos permite hacer cambios y dar inicios a seguir los pasos sugeridos por el licenciado Gratacós sobre la recuperación de las finanzas.

Esta lectura presenta un problema actual donde todos debemos aprender a ser cuidadosos y buenos administradores de lo que Dios deposita en nuestras manos. Él nos provee lo que necesitamos, pero tenemos que ser buenos mayordomos de todo lo que nos entrega. Este es un libro para todos los tiempos. Felicito al licenciado Gratacós por su valentía al disertarlo y publicarlo. Lo bendigo en el nombre poderoso de Jesús, y le deseo mucho éxito en la distribución de este libro.

¡Muchas bendiciones!
Apóstol Luis A. González Pomales

Dedicatoria

Hay momentos en la vida en que sabemos que sabemos que tenemos que hacer algo. Sabemos que no podemos esperar más ni continuar posponiendo más la decisión. Esto puede ser una carrera, o una profesión, una ayuda, un servicio o algo que sirva de inspiración o ayuda a otras personas. Hoy presento mi primer libro, el cual dedico a mi Dios. Lo hago así, pues yo sé que sé que solo con Dios es que he podido lograrlo. Ha sido con la enseñanza, la sabiduría y la inteligencia que me ha provisto Dios que pude escribir mis memorias, mis conocimientos, mis consejos, y a la vez unirlos con la Biblia, la Palabra de Dios, y crear este libro.

Se lo debo a Dios, que me ha dado Su amor infinito, Su misericordia sin límites, esperando a que yo me decidiera a hacer lo que Él hablaba a mi corazón, y quien, cuando me decidí, puso todos los elementos y recursos que yo necesitaba para lograr este proyecto.

Solo Dios me ha demostrado que se puede y cómo Él me está ayudando a dejar un legado para muchas personas, que sirva de bendición a muchas vidas.

Hace un tiempo ya, desde 1996, descubrí que con Dios tengo múltiples herramientas, recursos y bendiciones que me ayudaron a escribir este libro. Hoy mi libro es una realidad, y sé que mis consejos serán la respuesta a las oraciones de otras personas.

Gracias a Dios, este proyecto es una realidad. Gracias a Dios, hoy tú puedes leer este libro. No obstante, Dios utiliza a los seres humanos para Sus propósitos.

Al lado de un hombre de éxito, Dios pone a la ayuda idónea, y Dios proveyó ese apoyo por medio de mi esposa Emily.

Te dedico este libro, Emily, pues tú has sido el instrumento y la fuerza detrás de todo este proyecto. Gracias, Bebe, por ser como eres y por estar ahí siempre conmigo. Juntos seguiremos este nuevo camino por donde nos lleva Dios. Sé que siempre estamos y estaremos BENDECIDOS.

Agradecimientos

Brindo mi agradecimiento a todos aquellos que de una manera u otra me han ayudado a hacer realidad este libro. Tengo muchas personas a quienes agradecer y no quisiera olvidar a ninguna, pero hay unas personas que siempre se hacen especiales en nuestra vida.

Hoy quiero agradecer a mi esposa Emily Guadalupe, mujer especial que siempre ha estado a mi lado, me apoya en todos los proyectos en los que me involucro, y siempre está pendiente a todo detalle para hacerme lucir bien. Emily, gracias te doy por ti, por ser mi regalito especial de Dios. Tú eres parte vital de este proyecto, pues siempre me apoyaste y me impulsaste a realizarlo.

A mi Pastor Otoniel Font, por todos los consejos que me dio, y su estímulo y apoyo para lograr que este proyecto del libro sea una realidad.

Al Pastor Luis González Pomales, que siempre me estimuló a que escribiera y que no dejara pasar un día más.

A la Pastora Cecilia Rosario, que me guió en los primeros pasos y me ayudó en los comienzos.

A Sandra, mi cuñada, por ser la ayuda que Dios utilizó para poder usar la computadora, la tecnología, y salvar lo que muchas veces parecía que se había desaparecido o borrado.

A Ofelia, la mentora que Dios puso en mi camino para guiarme en esta nueva fase de mi vida; la mentora que me ha corregido y enseñado cómo, cuándo, dónde y por qué se hacen las cosas.

Y a todos los que con sus frases de aliento como "Hazlo", "Anímate", "Hacia adelante" me estimularon a seguir cada día hasta lograrlo.

A todos, gracias, mil gracias. Yo sé que cada uno de ustedes ha sido un instrumento que utilizó Dios para llevarme a esta nueva etapa de mi vida.

¡Que mi DIOS los bendiga de una manera especial! Todos ustedes son ¡BENDECIDOS!

Contenido

	Prólogo por Otoniel Font	15
	Introducción	19
1	Tu sueño te espera al otro lado de tu crisis	23
2	Tres principios del éxito financiero	29
3	Sigue las cuatro instrucciones	37
4	Analiza tu situación financiera	44
5	Tu batalla comenzó; combate la depresión, la derrota y el fracaso	53
6	Si sigues en confusión…	64
7	Finanzas en el matrimonio	72
8	Cuenta lo que tienes, no lo que no tienes	80
9	Presupuesto: tu aliado invaluable	90
10	Vivir bajo la bendición de Jehová	101
11	La fe rescata	108
12	Cambio mis números porque sé que puedo	118
13	Hacia la reorganización	126
14	Cambios estructurales	134
15	¿Cuándo debo hacerlo?	143
16	Hacer mucho con poco; ¿cómo es eso?	150
17	¡Todo lo puedo!	162
	Epílogo: El momento de Dios	169
	Apéndice: Modelo de Presupuesto	177
	Acerca del autor	189

Prólogo

Aunque es difícil admitirlo, el dinero controla muchas partes de nuestras vidas. Desde que nos levantamos o nos acostamos tomamos decisiones financieras, consciente o inconscientemente. Todo lo que hacemos requiere dinero. La pasta de dientes que utilizas en la mañana, el agua que usaste para cepillarte, el cepillo de dientes donde colocaste la pasta, la luz que enciendes para poder verte al cepillarte, en fin, todo lo que haces requiere de algún tipo de inversión económica. Definitivamente, la pasta de dientes que usaste esta mañana no determinará tu futuro, pero la manera en que decides acerca de otros aspectos más importantes de tu vida sí lo hará, y todo estará relacionado con tus finanzas.

A través de mi vida, he visto el impacto de las malas y las buenas decisiones financieras en las vidas de muchas personas, incluyendo la mía. He visto a personas comenzar con muy poco dinero, y terminar siendo ricos. También conozco a otros que teniendo mucho, sus pobres decisiones económicas los han llevado a la ruina. Es de conocimiento público que muchos de los problemas matrimoniales, familiares y de nuestra sociedad están íntimamente ligados a aspectos económicos. Si algo es tan determinante para la vida de una persona, ¿por qué no enseñarnos a todos cómo manejar correctamente nuestra economía?

Nadie que esté en su sano juicio pondría un cuchillo filoso en las manos de un niño de tres años. El cuchillo no es malo y mucho menos el niño, pero el poco conocimiento y las destrezas del niño no le permiten utilizarlo para su beneficio. Por el contrario, podría causarle gran daño permanente. La edad del niño no es la que determina si lo puede usar o no; es su madurez. Es el tener el conocimiento necesario para saber qué es eso que han puesto en sus manos y cómo utilizarlo.

Nuestros sistemas educativos envían a nuestros jóvenes a la sociedad sin un conocimiento básico de las finanzas. Lo primero que muchos reciben al entrar en la universidad son solicitudes para tarjetas de crédito. Muchos tienen que tomar préstamos estudiantiles para culminar sus estudios sin realmente entender cómo funciona el sistema bancario. Saldrán de la universidad sin haber generado finanzas para pagar los préstamos que tomaron para estudiar. Los enviamos al mundo laboral y a la sociedad sin el conocimiento necesario para poder tomar buenas decisiones.

Es necesario reconocer que no importa cuánto conocimiento tengas en algún área, siempre debemos contar con amigos, mentores y maestros. Todos tenemos algo que aprender. Tuve la dicha de conocer al licenciado Víctor Gratacós en un momento muy importante de mi vida. Necesitaba tomar decisiones que determinarían mi futuro, el de mi familia y sobre todo, el de la organización que dirijo. Su fe, su conocimiento, su experiencia y su pasión me sirvieron de guía para tener un final exitoso. Esta obra literaria contiene esos mismos elementos, pero ahora están disponibles para todos.

Este libro es una guía práctica para la toma sabia de decisiones. El autor no pretende que te conviertas en un experto, pero sí brindarte el conocimiento necesario para mejorar tus decisiones financieras. Aunque el licenciado Gratacós es un profesional dedicado al área de las bancarrotas, este libro no es tan solo para aquellos que están en problemas económicos, sino también para aquellos que nunca quieren estarlo. El autor provee las guías necesarias, tanto para salir de problemas financieros como para nunca caer en ellos, o simplemente para que puedas mejorar tu posición económica.

Cuando los números no cuadran…, Cómo salir de tu crisis financiera y liberar tus sueños no es un libro más acerca de finanzas. La forma práctica y fluida en la que está escrito te brindará, no tan solo el conocimiento necesario, sino que también te transmitirá la confianza en ti mismo que necesitas para poder triunfar en el área económica. Estoy seguro que se convertirá en un libro de referencia para muchos. Luego de la lectura de esta obra, podrás tener la seguridad de tomar decisiones con mayor sabiduría y determinación.

Otoniel Font
Pastor
Iglesias Fuente de Agua Viva
Puerto Rico y Orlando, Florida

Introducción

En el día de hoy, este momento y con una intimidad divina comenzamos nuestro camino juntos en el mundo de las finanzas en el hogar. Con mucha alegría te presento este libro que espero y sé que será de bendición a tu vida.

No quisiera que lo leyeras sin antes contarte mi más reciente anécdota con mi Dios, que me reafirma que Su amor, Su gracia, Su favor y Su misericordia están conmigo, y que yo sé que sé que también pueden estar contigo.

Recientemente realicé un viaje para buscar más de la presencia de Dios en mi vida. No sabía yo que era Dios el que ya había preparado el camino para estar conmigo en todo momento.

Dentro de mi experiencia con Dios pude comprobar que su amor por mí no tiene fin. Tuve experiencias de todas clases. Me enfrenté a mis miedos, mis temas inconclusos, mis fuerzas, mis metas, y pude comprobar que en lo más íntimo, en lo más general y en los detalles que nadie se imagina, Dios se mete, está presente, me ayuda, me ama y me protege.

En este libro que voy a compartir contigo quiero demostrarte que Dios no hace excepción de personas y que dentro del plan designado por Él todos tenemos una participación especial para lograr su objetivo, que al final se traduce en bendiciones extraordinarias para tu vida.

En el diario vivir, trabajo con las finanzas en todo momento. El objetivo principal para redactar este libro es ofrecer ideas y buenos consejos para que muchas personas se nutran y obtengan aprendizaje de los principios bíblicos y seculares que nos ayudarán a observar un comportamiento adecuado en el manejo de las finanzas.

Pretendo enseñarte en estas páginas unos principios básicos que, unidos a la Biblia y a tu confianza absoluta en Dios, te llevarán a los resultados esperados y más allá. Entenderás el propósito de comenzar algo y llegar al final. Esto solo se logra si tienes a Dios en tu vida, pues a Él le agrada que tú siempre salgas bien.

Una vez pongas tus finanzas en orden, podrás hacer más para la obra de Dios. Podrás sembrar semilla en tu iglesia, y podrás ser la contestación de una oración de tu familia, tus hijos, tus amigos y hasta tus enemigos. En fin, abrirás tu cuenta de cheque en el Banco del Cielo, sabiendo que no es el FDIC[1] el que la va a respaldar y sí el DIOS todopoderoso, dueño del oro y de la plata que tiene para ti y para todos.

1- Federal Deposit Insurance Corporation, entidad federal que garantiza las cuentas bancarias en los Estados Unidos.

No comiences a leer el libro sin proponerte llegar al final. Ten a mano una libreta y un bolígrafo y, sobre todo, busca la Biblia, pues aparte de lo que yo te señalo, Dios tiene algo especial que mostrarte. Anímate, es una lectura amena, pues es el Dios todopoderoso el que lo hizo a través de mis manos.

No pierdas un solo minuto y disfrútalo. ¡Bendecido!

capítulo

Tu sueño te espera al otro lado de tu crisis

Hay momentos en la vida donde tenemos que detenernos a tomar determinaciones firmes para decidirnos a iniciar y cumplir los sueños no conquistados que serán de bendición personal y provecho para otras personas. Muchas veces por la vorágine de situaciones ocurridas en nuestro entorno descuidamos nuestros sueños, los abandonamos, dejamos que duerman o mueran, y casi nunca encontramos la oportunidad o el tiempo para retomarlos y comenzar a realizarlos.

Lo antes señalado parece la realidad del diario vivir, pero testifico que es una falacia más de la vida. En una evaluación de mi vida, tengo que admitir que siempre hay buenas oportunidades y buenos tiempos para cumplir con el mandato de ver el fruto de tus sueños.

Te invito a hacer una pausa en tu lectura para presentarme y explicar a qué me dedico. Desde hace más de 40 años practico la profesión de abogado y mi especialidad es trabajar con la Ley de Quiebras. Esta es una ley que al momento de escuchar la palabra "quiebra" se interpreta como fracaso, derrota, pérdidas y falta de oportunidades. Durante la trayectoria de esta larga carrera siempre he representado a los deudores, los que yo considero que necesitan la ayuda para salir de las dificultades donde están, y he visto múltiples casos y situaciones adversas. Lo más impresionante es cuando veo que las personas ven la gravedad de sus situaciones o errores financieros, y no hacen nada para enmendarlos. Cuando llegan a buscar orientación están tan desesperados que la alternativa de la quiebra es la única oportunidad para salir del problema.

Si logramos aplicar los beneficios de la Ley de Quiebras, entonces vale la pena la adaptación de esta herramienta y método sugerido en esta Ley. La experiencia de pasar por la quiebra nos puede ayudar a resolver los problemas financieros y a obtener el aprendizaje necesario para fortalecer nuestras finanzas. La realidad es que *muchas veces no nos ocupamos de analizar e investigar cómo llegamos a la gravedad de nuestra situación financiera, y seguimos cometiendo los mismos errores.* Este ejercicio es crucial para enmendar la administración de nuestras finanzas y evitar futuras crisis, pues si no se hace luego de la primera quiebra vendrá la segunda y la tercera quiebra. No se trata de utilizar la ley para resolver tu problema. Es el determinarte a aprender de la situación que tuviste para no caer en ese error nuevamente.

En estos 40 años de carrera profesional el primer elemento o factor que he podido identificar sobre la Ley de Quiebras es la falta de conocimiento que las personas tienen sobre esta ley. En momentos de crisis financiera, es esencial conocer las alternativas que podríamos tener, pues si no sabemos lo que vamos a hacer, es muy difícil proteger y reorganizar las finanzas, todo esto dependiendo del caso, pues cada situación y cada caso es diferente. El conocimiento de la Ley nos brinda seguridad, sabiduría y nos proporciona las herramientas para ser exitosos. *En la vida vamos a tener buenas oportunidades de triunfos, pero todo va a depender del grado de conocimiento que tengamos.*

Todo lo que podamos aprender repercutirá en tener grandes beneficios para nuestro diario vivir. Podemos utilizar el conocimiento para obtener beneficios profesionales, personales, y así ayudar a otros a lograr las metas financieras. Te recuerdo que si el conocimiento que adquieres lo haces guiado por la mano de Dios, el resultado es y será positivo, absoluto y exitoso.

Dios nos creó con una serie de talentos, pero es necesario que los descubras y empieces a desarrollarlos. El potencial que existe dentro de nosotros es ilimitado, pero solo se manifestará cuando le dedicamos el tiempo requerido, lo estudiamos, descubriendo así nuestras capacidades y destrezas. Es importante darnos cuenta de nuestras habilidades para visualizar cuáles situaciones y problemas económicos podemos resolver. Hay personas que se dedican a resolver situaciones y asuntos financieros, y reciben paga por ello, pero tú puedes aprender de tus propias circunstancias y desarrollar el potencial que te hará salir de tu crisis financiera o ayudar a otros a salir también.

Mi deseo y mi determinación de conquistar la faceta de escritor han sido las vertientes que me hacen afirmar y consignar que "sí se puede". Cuando tenemos a Dios como norte y como guía se despierta la esperanza dormida, se recupera la confianza personal, y nos apoyamos en las destrezas, capacidades, arte, ingenio y la inteligencia, reconociendo siempre que con Su Poder, Misericordia y Autoridad, "todo lo podemos hacer".

No me considero escritor, pero en mi mente siempre ha estado el darle forma a este proyecto, y redactarlo en forma sencilla para que toda persona pueda leerlo y obtener un aprendizaje productivo. Te exhorto a no detener la lectura, léelo hasta el final, toma notas, examina los consejos que aquí ofrezco, y luego analiza y decide hacer cambios radicales para fortalecer las finanzas.

Hace tiempo atrás visité una librería donde me encontré con un libro que al darle un vistazo, el tema escrito estaba relacionado con el contenido temático que expongo aquí ante cada lector. En aquel momento hablé con Dios y le dije: "Me han robado la idea". Pensé que Dios estaría de mi lado, pero lo que recibí fue una tremenda amonestación de Su parte. Entonces me dijo: "Si tú no haces lo que te he encomendado hacer, entonces otro lo hará". Esta advertencia me dejó pensando en todo lo que nosotros podemos hacer con el potencial que Dios nos ha dado, y que en muchas ocasiones se queda en el tintero, en la dejadez y el olvido.

En ocasiones he verbalizado lo que voy a iniciar, pero no comienzo a producirlo. Hoy que estás disfrutando de esta lectura te exhorto a tomar ánimo, y no rendirte hasta que puedas conseguir el cumplimiento de tu sueño anhelado. Dios está listo para ayudarte y una vez lo inicies te darás cuenta de que SE PUEDE.

Si alguna duda tienes de lo que expongo, te invito a que pases por cualquier cementerio. Allí podrás ver enterrados cientos y cientos de potenciales que se quedaron en eso, en meros potenciales, porque sus sueños y metas murieron con ellos. Hoy es tu oportunidad, pues si yo me atreví a cumplir mi sueño, todo el que decida creerle a Dios y creer en sí mismo va a ver un gran cambio de actitud en su vida.

Actúa, haz lo que tengas que hacer para levantarte, vístete de esperanza y camina sobre ella. Puede ser que en el camino tengas tropiezos, momentos en que falles, pero si te levantas de cada fracaso u obstáculo, estarás más cerca del triunfo.

¡Toma hoy las riendas de tu vida!

capítulo

Tres principios del éxito financiero

Sin más preámbulos debo comenzar la tarea que Dios puso en mi mente y mi corazón. Lo que pretendo hacer es darte unas herramientas para que trabajes con tus finanzas, o lo que es mejor, trabajes con tu presupuesto. Esto es vital para tu vida: aprender cómo utilizar lo que Dios pone en nuestras manos y que esto se multiplique para cumplir con los compromisos financieros que obtenemos. Debes realizar un gran esfuerzo, pero sabes que con Dios de tu lado siempre lo vas a lograr.

Si evalúas las complicaciones financieras que arrastras, encontrarás un denominador común: *cada vez te involucras más en deudas sin ponerle un detente o freno a esta situación.* No obstante, no hay que desesperarse, sino más bien bajar los niveles de ansiedad *porque para cada adversidad, hay una sabia solución.*

Te presento cinco alternativas de ayuda en tu crisis financiera y cómo puedes salir de ella:

1. Involucra a Dios en tus finanzas, ora y pídele dirección. Él te la dará.

2. Determínate a hacer un compromiso firme y personal de salir de esa situación de forma exitosa.

3. Elabora un plan de acción; prepara una estrategia.

4. Sigue con tu plan hasta el final; no te rindas.

5. Una vez sigas fielmente los cuatro pasos anteriores, verás resultados y llegarás a ser libre financieramente. Disfruta tu triunfo.

Todo lo que tenemos en la vida lo manejamos bien porque vino con un manual de instrucciones. Esta dinámica nos incluye a todos y todo lo que poseemos. Ejemplo de esto es que cuando adquirimos un carro nos entregan un manual de operaciones. Cuando adquieres una casa se otorga una escritura. Si es algo más sencillo como una estufa, computadora o lo que sea, siempre vendrá acompañado de un manual de instrucciones.

Si esto es así con los artículos que adquirimos, entonces los seres humanos no somos la excepción. Nosotros también tenemos nuestro manual de instrucciones para edificar y alinear nuestras vidas en forma estructurada y organizada. Nuestro manual de instrucciones tiene por nombre "La Biblia", "la Palabra de Dios", o "El Libro Sagrado" como más nos guste nombrarlo. En ese libro tan valioso inspirado por Dios se encuentran las riquezas espirituales y los tesoros escondidos de la sabiduría, la inteligencia, la enseñanza y el poder de nuestro Dios. La Biblia fue escrita por hombres inspirados por Dios, y te aseguro que es ahí donde descubrirás las instrucciones específicas y definidas para alcanzar ser una persona exitosa, fructífera, y triunfadora.

Es importante que apliquemos este beneficio a lo que deseamos. Si buscas Proverbios 4, versículos 1, 5 (NVI), leen de la siguiente manera: *"Escuchen, hijos, la corrección de un padre; dispónganse a adquirir inteligencia... Adquiere sabiduría, adquiere inteligencia; no olvides mis palabras ni te apartes de ellas".*

Dios nos ofrece instrucciones directas para conquistar el éxito. El proverbista guiado por el Espíritu de Dios nos exhorta a priorizar sobre tres principios que marcarán nuestras vidas. Estos son:

Enseñanza • Inteligencia • Sabiduría

Una vez que adquieres y aplicas estos principios a tu estilo de vida, tus escenarios serán completamente diferentes e irás dejando un legado que debe ser perpetuado. Tendrás situaciones difíciles, adversidades, crisis, pero las trabajarás con las herramientas y el conocimiento que Dios te invita a conquistar. En Dios tendrás las armas correctas para defenderte y salir exitoso de cualquier desafío que se presente ante ti.

Es imperativo señalar lo que significan los tres principios o términos mencionados. A pesar de que vemos alguna similitud entre los términos, pues nos dan la imagen de aprender o tener más conocimiento, te sorprenderás que no son sinónimos; no se definen igual. Cada principio tiene su etiología y definiciones diferentes.

La Palabra de Dios declara en Proverbios 9:9: *"Instruye al sabio y será más sabio; enseña al justo y aumentará su saber"*. ¿Qué representan estos tres principios?

A. Enseñanza- Se traduce en adquirir conocimiento, en desear ser instruido para obtener aprendizaje. Cuando adquirimos conocimiento, fluye la seguridad personal y el poder que Dios nos da para vencer ante cualquier adversidad. Nadie podrá engañarnos. *El conocimiento nos lleva a un enfoque correcto para saber cómo actuar ante cualquier obstáculo.* El conocimiento es más que datos, información o imágenes que nos llegan a través de los sentidos.

El conocimiento comienza con el temor a Dios y después de adquirirlo, nadie te lo puede quitar.

Una de las cosas más importantes del conocimiento es que te quita el miedo. El miedo te paraliza y no te deja progresar. Muchas veces cuando tenía las entrevistas con mis clientes, era sorprendente cómo las personas venían atemorizadas y no sabían ni conocían de sus propias finanzas. No sabían las deudas que tenían, ni los balances, ni los pagos mensuales, ni el recargo por pagar tarde, la fecha de expiración del préstamo, la razón y/o propósito inicial del préstamo y otras cosas que se mencionan en la solicitud.

Todo esto es esencial conocerlo, ya que es una información que se les brinda a los acreedores, quienes sí le sacan provecho. Cuando analizan la situación prestan con intereses más altos, pagos más altos, y te tienen preso y/o esclavo de ellos, cobrando en todo tiempo. Te conviertes en un empleado de los acreedores, trabajas para ellos y nunca eres libre en tus finanzas. Eso no es lo que Dios quiere para ti, y no es algo por lo que debas pasar. Solo con conocer tus derechos puedes evitar todas estas situaciones y eventos.

B. Inteligencia- Este principio se traduce en la capacidad para entender, comprender y resolver nuestros asuntos. Es la habilidad que tenemos para realizar nuestras tareas. Es también la destreza o talento que Dios deposita dentro de cada persona.

La inteligencia nos ayuda a dar pasos firmes y concentrados en lo que es necesario ejecutar. Es importante que adquieras inteligencia y que la utilices apropiadamente. La misma guiará o despertará tu talento para descubrir las nuevas tendencias de cómo liquidar una deuda lo más rápido posible.

Buscar un segundo empleo puede ser una buena alternativa para pagar tus deudas y así ayudarte a no tomar dinero prestado. En general, lo que Dios quiere es desarrollar al máximo el potencial que hay en nosotros para ser libres y tener la oportunidad de volver a empezar. Si nos lo proponemos, lograremos pagar a tiempo, evitando los recargos por atrasos.

Un buen consejo es no comprar artículos por impulso y solo comprarlos porque son esenciales y necesarios. La inteligencia nos ayudará a adquirir propiedades u otros artículos de valor dependiendo de nuestras necesidades, y nunca por capricho o deseos personales.

Muchas veces, sin pensarlo bien, nos involucramos o nos dejamos seducir por las promociones, las emociones, los deseos no controlados, e invertimos en mercancía que no utilizamos; por ejemplo, la trotadora que compramos para rebajar, pero nunca la usamos; la ropa y los zapatos en exceso; y la comida que nunca preparamos. Toda esta mercadería existe porque alguien la va a comprar, pues resuelve alguna necesidad, pero no es la nuestra. Recuerda que porque se resuelva una necesidad eso no representa que es tu necesidad. Estos son momentos para pensar, analizar, estudiar lo que vamos a comprar, saber cómo lo vamos a usar, cómo lo vamos a pagar y preguntarnos si realmente lo necesitamos, y si estas decisiones van a afectar otras deudas o reducir nuestro presupuesto.

C. Sabiduría- Este es el tercer principio o término que debemos conocer o adquirir. La sabiduría presupone el conocimiento de los datos y las diversas situaciones para actuar con inteligencia a base de ellos. El libro de Proverbios la utiliza para hablar de la habilidad que se necesita para vivir de una forma que le dé honra a Dios. Las personas sabias tienen la capacidad de adaptar sus vidas a las pautas de Dios.

Lo que distingue a la sabiduría bíblica de la sabiduría humana es que la sabiduría divina tiene su fundamento en el temor de Dios. Puesto que Él es la fuente de la sabiduría, la reverencia a Dios es el principio que controla la aplicación de estas sabias observaciones que ayudarán a los lectores de este libro hacia una buena administración de sus bienes. *La sabiduría equivale a conocer la verdad de nuestras acciones y cómo aplicarla en diversas adversidades.* De estos tres principios enumerados, aprendemos que la enseñanza es el conocimiento sazonado con la Palabra de Dios, y modificado por la inteligencia y la sabiduría.

Estos tres principios o herramientas son fundamentales en nuestra vida y necesitamos apropiarnos de ellos, y reconocer que Dios los ha provisto para que los apliquemos en nuestro diario vivir. Todos nuestros argumentos serán totalmente diferentes si comenzamos a enfocarnos en estos principios para hacer cambios y restaurar las fuerzas necesarias para modificar lo que estemos viviendo en el área de las finanzas.

Estas herramientas te permiten utilizar lo aprendido para tu beneficio y bendición. Te ayudarán para generar más dinero, para resolver problemas financieros y seculares o buscar respuestas definidas de situaciones opuestas que afecten tus escenarios. Cuando practicamos y aprovechamos lo aprendido, veremos el horizonte y el producto final de los beneficios adquiridos. La vida está llena de maravillosas oportunidades que nos permiten desarrollar un futuro exitoso, pero esto implica que tenemos que conocer y saber cómo enfrentar cada desafío o reto para aplicar correctamente lo aprendido.

Para cada situación, hay una sabia solución inspirada por Dios, que te transforma.

capítulo

Sigue las cuatro instrucciones

Como escritor, lo antes expuesto me hace pensar y asegurar que todo el caudal de conocimiento que Dios ha depositado en nosotros no debe quedarse guardado o sin revelar, sino que tenemos que compartirlo con otras personas para bendecirlas. Cada persona es única y diferente; y puede llegar a lograr ser fructífera y productiva.

La primera instrucción que Dios le dio al hombre la encontramos en Génesis 1:28. La misma declara: "Y los bendijo Dios, y les dijo: fructificad y multiplicaos; llenad la tierra y sojuzgadla…" Dios creó al hombre para ser el agente de Su reino, para gobernar y administrar la tierra. La habilidad humana para regir la tierra descansará en la continua obediencia del ser humano a la autoridad de Dios como Señor de la creación. Dios no te instruyó a que te envuelvas en deudas y sí a que fructifiques. Esto es a dar fruto, a sembrar en otros, a ser la contestación de una oración y para esto no puedes estar envuelto en deudas, pues de esa forma no eres libre ni puedes enseñarles a otros.

Lo que Dios nos revela en esta Palabra es que *con el conocimiento, la enseñanza, la inteligencia y la sabiduría correctos, tenemos la dirección y el mandato de Dios para lograr nuestras metas y nuestros sueños*. No podemos dejar al Señor fuera de nuestros planes, ya que sin Él es imposible lograr lo que nos propongamos hacer.

Sobre estas cuatro instrucciones que Dios nos ordenó obtenemos un gran aprendizaje y las defino de esta manera:

A. Fructificad- Representa dar frutos o dar buen rendimiento en lo que hacemos, y producir, que es provocar o motivarnos a gestar frutos. Esto es producir abundantemente. Mira el ejemplo de la papaya. Una papaya produce miles de semillas que a su vez producen más frutos. Tú fuiste creado para dar muchos frutos y no pocos, tener para otros y no tomar prestado, pues cuando tomas prestado, te vuelves esclavo del que te prestó.

B. Multiplicaos - Significa que lo poco, bien administrado, se convierte en mucho; que lo que poseemos se multiplique con la ayuda de Dios para que con Su dirección, aumente nuestra fe y nos levante con buena actitud para esforzarnos más. De esta forma podemos restaurar nuestras finanzas, y ver que nuestro dinero es multiplicado al ciento por uno para la gloria de Dios y así dar buen testimonio de ser buenos mayordomos de sus bienes y a la vez poder ayudar a otros a ser libres financieramente.

C. Llenad la tierra - Representa ocupar algo que está vacío. Dios encomendó a todos los seres humanos que fueran los custodios de los recursos de la tierra, lo cual sugiere una actuación responsable de parte nuestra. Esta premisa de *"llenad la tierra"* no es una licencia para abusar del ambiente ni destruirlo. Dios nos proporcionó animales, minerales, árboles y agua para mejorar nuestra vida en la tierra. Por esto me atrevo a establecer una comparación entre esta palabra y nuestras vidas.

Cuando comenzamos en alguna tarea específica nos encontramos en un vacío. Vemos que no hay armonía; todo está vacío. Es ahí cuando *nos toca tomar determinaciones serias, despejar nuestras mentes de toda carencia, y empezar a llenarla con las promesas divinas.* Tenemos que derribar todo lo superficial y empezar a llenar nuestro intelecto con las riquezas insuperables que Dios nos ofrece en Su Palabra, preparadas de antemano para nosotros y todos lo que deseen obtenerlas.

Cuando entremos en este nivel de conocimiento, seremos de mucha bendición para la familia, y todos los que se relacionen con nosotros. Seremos la contestación de una oración, los maestros de nuestras futuras generaciones y los administradores del Reino de Dios para nuestro disfrute y también para Su Gloria.

D. Sojuzgadla - Representa tener el dominio sobre lo que Dios ha depositado en nuestras manos. En lo que he redactado hasta el momento nos damos cuenta cuán importante es nuestro manual de instrucciones, porque lo necesitamos como guía personal y porque este libro sagrado, "La Biblia", nos lleva a comprender la razón que tuvo Dios para usar hombres inspirados por el Espíritu Santo para escribirla. La Palabra de Dios nos restaura, y esa restauración en cada dimensión de las experiencias humanas es fundamental para restablecer lo que hemos perdido. Esparcir el conocimiento que hemos recibido de la Palabra de Dios nos ayuda a ser comprensivos con otras personas para guiarlas a ser libres de cargas económicas y de presiones financieras que tanto daño y conflictos provocan en la familia.

Cuando carecemos de este conocimiento o tenemos falta de sabiduría, se afectan el hogar, las emociones y las finanzas. Los niveles de ansiedad se alteran y nos tornamos en personas inestables y esclavos de todos los que nos han prestado. Nos marginamos a nosotros mismos, sintiéndonos derrotados, fracasados e incompetentes para solucionar los problemas que surgen por falta de estrategias y conocimientos sobre cómo salir victoriosos de esa gran adversidad.

En el libro de Proverbios Capítulo 13, versículo 23, La Biblia nos señala lo siguiente: *"en el barbecho de los pobres hay mucho pan; mas se pierde por falta de juicio"*. Lo que entendemos en esta porción bíblica es que muchas veces el pobre sufre por su incapacidad de sacar provecho de los recursos que están a su alcance. Las malas decisiones le arrebatan sus bienes. En otras palabras, no es que no tengamos o tengamos poco, lo que sucede es que *no estamos utilizando correctamente las herramientas que Dios nos dio para cumplir con Sus instrucciones, las cuales nos moverán a otros niveles para lograr ser vencedores.*

Cuando escudriñamos la Palabra de Dios en el libro de Proverbios, Capítulo 22, versículo 7, *"...y el que toma prestado es siervo del que presta"*, aprendemos que Dios nos da una advertencia para organizar nuestras finanzas y ser buenos administradores del salario que Él nos permite ganar. El deseo de Dios para nosotros es que seamos libres de deudas, que empecemos a tener un buen manejo de nuestras finanzas para que las bendiciones nos alcancen. De esta manera podemos ayudar a otras personas y contribuir para que el reino de Dios sea expandido. *Dios tiene un plan y un propósito con cada ser humano para que libremente pueda fructificar, multiplicar, llenar, y sojuzgar sobre lo que Él ya decidió, para cambiar nuestros estilos de vida.*

Antes de terminar este capítulo es importante repetir los tres grandes principios aquí mencionados para tenerlos en cuenta cuando estemos listos para volver a empezar a enriquecer nuestras finanzas. *No podemos seguir postergando nuestro cruce a la victoria.* En medio de la crisis financiera más fuerte que podamos vivir, siempre encontraremos respuestas y soluciones para despertar la esperanza y nuestra fe, para ver el oasis que Dios nos presenta ante el desierto financiero. Aprópiate de estos principios para poder ver la luz en la oscuridad mental a la que el enemigo nos quiere llevar. Te recuerdo que estos principios son:

Enseñanza • Inteligencia • Sabiduría

Regresa a la página donde están definidos, domina su aprendizaje e inicia tu nueva etapa de fructificar para la gloria de Dios. Anímate; "tu éxito está a la vuelta de la esquina", como menciona un refrán de pueblo.

Adquiere conocimiento, desarrolla la inteligencia y aprovecha las enseñanzas para descubrir el futuro que Dios quiere desatar en toda la humanidad.

capítulo

Analiza tu situación financiera

Muchas veces no tenemos explicación para el caos económico personal, en el matrimonio, o en la familia. No ordenamos nuestros pensamientos para enfocarnos en conocer con qué herramientas contamos para salir de ese caos, sino que simplemente seguimos gastando en artículos que no son necesarios. Nos ofuscamos, y no buscamos asesoramiento para establecer una planificación correcta que fortalezca progresivamente la economía personal o colectiva y seguimos tomando decisiones que nos agravan nuestras finanzas. No se trata de suerte y sí de ser sabio en nuestras decisiones.

La buena noticia es que el mal manejo de las finanzas puede cambiar, siempre y cuando nos enfrentemos a un análisis minucioso sobre nuestra realidad financiera. El hecho de que la realidad de las personas sea estar en graves situaciones económicas, no quiere decir que esa sea la alternativa de vida que Dios quiere para nosotros. Dios solo quiere lo mejor para nosotros, pues Él es un Dios de amor y nos quiere llevar de triunfo en triunfo, ¿pero tú quieres eso? Muévete, acciona la fe y confía. Esos son los elementos necesarios para cambiar la crisis financiera. Solo tenemos que decidir y esforzarnos para lograrlo. Les aseguro que no estarán solos.

Dios estará de su parte y proveerá personas capacitadas y competentes que les ayuden a seguir hacia adelante. Hay personas que están dispuestas a caminar con nosotros para entender nuestra situación y darnos buenos consejos. Estas personas pueden ser mentores, maestros, asesores, abogados, pastores, o alguna persona llena de sabiduría que pueda señalar la problemática real de nuestras finanzas. Estas personas colaborarán e impartirán al máximo sus conocimientos para ayudarnos a alcanzar otro nivel, con la plena confianza de obtener buenos resultados.

Si decidimos empezar a ordenar lo que Dios deposita en nuestras manos, veremos Su ayuda incondicional en nuestros problemas y/o crisis económica. Esta decisión será un proceso donde los resultados no se verán de inmediato, pero si perseveramos y nos detenemos para hacer ajustes y cambios financieros, la victoria será segura. Es el comenzar a poner la casa en orden, pues ahora está vacía y desordenada.

Toda adversidad que llega a la vida del ser humano tiene una razón y propósito de parte de Dios. Este propósito nos conduce a obtener experiencias saludables o positivas para cumplir con las demandas de la sociedad.

Aunque no seamos buenos en las destrezas matemáticas, en las sumas, o en las restas, tenemos que vencer y enfrentarnos a nuestra pobreza cognitiva sobre las finanzas. *Conocer nuestra realidad puede cambiar nuestro destino financiero.* Cuando aprendemos cómo lo vamos a hacer, estamos en la dirección de cambiar lo incorrecto por lo correcto para empezar a producir, por medio de los recursos, talentos y habilidades que serán las herramientas de ayuda para transicionar de un presente incierto hacia un futuro de multiplicación financiera. Bajo esta premisa, no le damos paso al temor o miedo a las crisis de finanzas. Las veremos cómo oportunidades para aprender, superarnos, crecer y mejorar.

Para entender sabiamente dónde residen nuestros problemas financieros debemos responder a la siguiente pregunta: ¿Qué planificación o estructura hemos desarrollado en nuestra vida? Si escudriñamos el manual bíblico podemos interpretar cómo Dios se movió para establecer un buen plan. El libro de Génesis, Capítulo 1, verso 2 nos muestra que *"en el principio la tierra estaba desordenada y vacía"*. Dios introdujo el orden en medio del caos que había en la tierra. Él decidió establecer un plan para cambiar lo que estaba desordenado y cambiarlo por lo que era productivo.

Nosotros también pasamos por esta condición. Cuando nacemos empezamos de cero, nuestros sentidos no han sido desarrollados y nuestro orden de vida comienza desde el momento en que salimos del vientre de nuestras madres. Hasta ese momento, no conocemos el potencial que tenemos, no sabemos los talentos otorgados, y dependemos del núcleo familiar para alimentarnos, hablar, gatear, caminar o ejecutar otras tareas alusivas a la edad. Todo es puro en la vida de un infante y dependiendo de la guía, el amor, la disciplina y la enseñanza que le transmita un adulto, así será organizado y ordenado el crecimiento infantil.

El aprendizaje oportuno es que, según Dios mismo necesita y quiere poner orden a todas las áreas de nuestra vida, Él se complace en poner orden en nuestras finanzas y nos da la oportunidad de evaluar cómo estamos en esa área. Él nos ofrece la salida victoriosa ante el desorden financiero y nos demanda conquistar la disciplina, el esfuerzo, y el compromiso para alcanzar éxitos y triunfos en el orden de la economía personal y familiar. Escucha la voz del que nos invita a esforzarnos a ser valientes y empieza a tomar la iniciativa hacia nuevos cambios financieros en tu vida.

Los resultados de ese cambio no podrán lograrse si no utilizamos las herramientas adecuadas o los talentos que Dios nos ha dado para hacer de nosotros grandes triunfadores. Hemos nacido para ser vencedores y darle honra a Dios en todo lo que hacemos. *El momento de hacer ajustes es ahora.* Estamos en un buen tiempo para tomar ánimo, para acercarnos al Creador con la fe de que nos ayudará a reestructurar nuestras finanzas.

Somos un reflejo de Dios y maravilloso es leerlo en la Biblia en Génesis capítulo 1, verso 26 en donde dijo Dios *"Hagamos al hombre a nuestra imagen y semejanza"*. Esto representa cuánto Dios nos valoriza y nos tiene en cuenta. No somos inferiores, ni somos un error, estorbos o fracasados. Si tenemos a Jesús en nuestro corazón, hemos sido adoptados como "hijos de Dios".

Pero a todos los que le recibieron, les dio la potestad de ser llamados hijos de Dios, es decir, a los que creen en Su Nombre (Juan 1:12).

Estamos llenos de Su poder, creados para lograr cosas grandes que Él tiene preparadas para sus hijos. Cuando Dios dice "a nuestra imagen", se refiere a las cualidades humanas como son la razón, la personalidad y el intelecto; y a las capacidades de relacionar, escuchar, ver y hablar.

Todas estas son aptitudes que Dios decidió otorgarnos como seres humanos creados a Su imagen y semejanza. Somos privilegiados y no podemos seguir perdiendo o administrando mal lo que Él ha puesto en nuestras manos. Piensa y analiza:

A. Tus pensamientos

La mente juega un papel bien importante a la hora de tomar decisiones en la vida. Muchas veces nuestros pensamientos no están lo suficientemente ordenados y son los que nos atacan o nos acusan con los "no puedes", "no lo vas a lograr", "ríndete", "eso es difícil", u otras acusaciones negativas. Sin embargo, La Biblia en el libro de Jeremías 29:11 nos dice: *"porque yo sé los pensamientos que tengo acerca de vosotros, dice Jehová, pensamientos de paz, y no de mal, para daros el fin que esperáis".*

Nutre tu mente con esta Palabra y concéntrate en los pasos que hay que dar para salir de las crisis económicas, buscando intencionalmente tu comunión y cobertura con Dios. Él tiene todas las respuestas que necesitamos y esperamos. Solo tenemos que convencernos de que no estamos solos, de que con el Señor formamos un equipo ganador para ir hacia adelante, levantando la ruina de las finanzas.

B. Decide reestructurar

Quizás como lector te estarás preguntando: ¿Cómo comienzo a reestructurar el área financiera? La contestación es simple: *todo comienza con una buena planificación*. Esta premisa la vuelvo a repetir porque se refiere a establecer un plan diseñado por las personas, donde puedan obtener y ver los objetivos específicos y definidos de lo que han determinado.

Te advierto que sobre esta plataforma hay que construir sobre bases firmes, lo que significa que no es dejar tus planes del momento. No es que suspendas el casarte para formar una familia; no es dejar la universidad o los estudios; no es buscar un nuevo empleo. La mejor solución para salir de deudas es desarrollar un plan bajo la dirección de nuestro Dios para que al final de haberlo trabajado, puedas entrar en el gozo y la paz por haber conquistado con sabiduría la buena administración de todo lo que posees. Este proceso nos ubica a reconocer que hay un potencial extraordinario, pero nos toca despertarlo y desarrollarlo por el bien de nuestra familia.

Nuestro manual de instrucciones en Deuteronomio 30:15 declara lo siguiente: *"Mira, yo he puesto* *delante de ti **hoy** la vida y el bien, la muerte y el mal"*. Esta Palabra nos revela cuál es el camino que debemos escoger cada día para ser victoriosos. Tenemos que comprender que al elegir cualquier vía de acción también escogemos sus consecuencias. Dios no puede bendecirnos o prosperarnos en el desorden o caos financiero provocado por nosotros. Él hace y hará prosperar a aquellos que se superen y dependan de Dios para su restauración. Sin eso la victoria no solo es improbable, sino imposible. Él es el único que puede sacarnos del camino del mal, del fracaso y de los problemas financieros.

En el Salmo 37, verso 33, el mismo Dios nos motiva a considerar que no importa cuán difícil o grave sea la situación que estemos atravesando, no habrá nada imposible para Él, porque sostiene nuestras manos. Él es el dueño del oro y la plata, y siempre estará dispuesto a ajustar cuentas con nosotros para que triunfe la justicia. Su ayuda viene de muchas formas; comprende que Él ve y conoce nuestras necesidades.

Honra los compromisos y la palabra que has dado, aunque esto sea costoso o sacrificado. Una ayuda bien importante es practicar la meditación regular de La Biblia. Deléitate en las escrituras, y deja que ellas te guíen para rechazar por completo las conductas incorrectas. Dios tiene propósitos con nosotros, y te aseguro que cuando permitimos que nuestra planificación financiera sea aprobada por Él, entonces Su propósito se manifestará en medio nuestro y Él mismo se encargará de edificar para mostrar Su plan de bendición. Nuestro presente y futuro están en las manos de Él, y esto es mucho mejor de lo que podemos imaginar.

Aun así existen ciertas interrogantes a las cuales debes responder:

1. *¿En qué situación económica te encuentras ahora?*
2. *¿Cuál es la realidad de tu problema actual?*
3. *¿En qué momentos no permites que Dios intervenga en la administración de tus bienes/ finanzas?*

Las respuestas a estas preguntas te darán una idea de cuándo y cómo surgió el problema económico, para que puedas analizar el efecto que ha tenido el querer solucionarlo bajo la propia voluntad personal. Lo primero que hay que reconocer es que solos no podemos salir de ninguna crisis financiera. Hay un caudal de profesionales, consejeros financieros y sobre todo, nuestro Creador, para ayudar a balancear nuestras finanzas.

capítulo

Tu batalla comenzó; combate la depresión, la derrota y el fracaso

Todos los días y en todas partes, escuchamos palabras negativas que expresan diferentes personas, sin importar el estrato social de donde vengan. El factor negativo es una característica que domina fuertemente la mente si no la nutrimos con pensamientos positivos. *Cada frase negativa que impacta nuestra mente nos roba por lo menos seis estímulos positivos para combatir y cancelar lo negativo.* ¿Cuáles son esos estímulos positivos que se refrenan o se inhiben ante una mente cargada por locuciones o expresiones negativas? Te presento seis estímulos que son muy importantes para conquistar.

1. Confianza
2. Paz
3. Crecimiento
4. Formación del carácter
5. Esperanza
6. Amor

Ante todo el acecho de los factores negativos que nos rodean, tenemos que estar alerta para observar un buen comportamiento ante los ojos de los demás. Muchas veces podría ser un vecino, el jefe en el trabajo, un cliente, un familiar, un amigo, un hermano, el cónyuge, y hasta los hijos pueden ser partícipes de comentarios inapropiados, que no edifican ni alimentan nuestros pensamientos.

Ante esta realidad es importante saber que esas frases negativas paralizan, causan miedo, y/o pueden llevar a las personas hasta la muerte, si no se apresuran a determinar y establecer cambios radicales para detenerlas.

Cuando escuches comentarios como los siguientes, sabes que con urgencia hay que descartarlos e impedir que nos causen daño. Ejemplos de comentarios negativos:

1. "Tú no puedes".
2. "Eso lo trató otra persona y fracasó".

3. "De ese tema o asunto no sabes nada".
4. "Siempre has sido un perdedor".
5. "Nunca terminas lo que empiezas".
6. "¿Crees que siendo hijo de esos padres irresponsables vas a construir algo bueno?".
7. "No tienes el tiempo".

Igual que estos comentarios, hay muchas más interpretaciones y pensamientos que están llenos de malos deseos, y lamentablemente los escuchamos constantemente y hasta se hacen parte de nuestra mente o entorno. Los recibimos como una verdad natural. Cuidado, pues todas estas frases son una mentira que en nada te ayudan y te llevan al fracaso. De esta forma las personas siguen dando excusas para no salir de la cautividad negativa que les domina. El que nos creó, Dios Todopoderoso, afirma y confirma que podemos salir de la vorágine negativa. Él nos ha capacitado, y con Su guía somos y seremos un equipo ganador. Es determinante darle un cambio radical a tu vida y en esa dimensión de cambio, las ideas y pensamientos negativos no encontrarán ningún espacio mental.

Si abres el manual de instrucciones, la Biblia, leerás lo siguiente en Josué, Capítulo 1, verso 9:

> *Mira que te mando que te esfuerces y seas valiente, no temas ni desmayes, porque Jehová tu Dios estará contigo dondequiera que vayas.*

Una vez que conoces al Soberano Dios que te dice que todo lo puedes, que está contigo en lo que emprendas e irá a donde vayas, entonces la carrera y las decisiones serán diferentes. Dios se convierte en nuestro aliado, protector, proveedor y nuestro estandarte. Y si Dios está con nosotros, nadie podrá estar en contra nuestra, y ya no habrá temor a nada de lo que haya que enfrentar.

Esta es la mejor garantía, la misma que ninguna persona, escuela o empresa te puede dar. Recuerda que la Palabra de Dios dice en el Salmo 27:1: *"Jehová es mi luz y mi salvación, ¿de quién temeré?; Jehová es la fortaleza de mi vida, ¿porque he de atemorizarme?"*

¿Tienes idea a qué te enfrentas hoy? Este Capítulo va dirigido a conocer cómo combatir lo negativo, ya sea depresión, derrota, fracaso o crisis económicas, transformándolas en experiencias positivas de aprendizaje. En este enfrentamiento la preocupación aumenta porque se muestran a nivel personal el uso de los números reales de un salario, una comisión, y el pago por hacer diferentes trabajos.

Cuando te das cuenta que el dinero que recibes no te alcanza porque no puedes pagar tus cuentas y no puedes cumplir con tus compromisos económicos, sabes que se inicia una carga emocional y mental, difícil de solucionar. Si eres empresario y no puedes pagar a tus suplidores, se afecta la nómina de los empleados, no puedes pagar la hipoteca, el panorama se torna obscuro, y las consecuencias son atemorizantes y aterradoras. Es en esos momentos de dificultad que la mente te engaña con pensamientos catastróficos, y empieza a manifestarse la depresión.

Los pensamientos de fracaso, las crisis económicas y la situación compleja y extrema provocan un estado de depresión. Es en esos momentos donde los pensamientos negativos juegan con la mente y empiezan a fluir las expresiones de familiares, amigos y vecinos que anuncian que no vas a progresar, ni vas a salir hacia adelante. En esta etapa comienzan las interrogantes: ¿Qué voy a hacer?; ¿A quién busco para que me ayude?; ¿Cómo resuelvo esta ruina económica?

Bueno, lo primero que se debe reconocer es el gran conflicto o situación complicada que se ha desatado, la cual debe atenderse con premura y sabiduría. No puedes huir, tampoco puedes esconderte, y mucho menos posponer el dar atención esmerada al caos económico que se ha formado. Hay que actuar con cordura, prudencia y sin negación, al contrario, reconociendo que hay una crisis económica. Nunca olvides que todo problema siempre tiene una solución favorable y tus problemas financieros pueden y deben tener esa solución.

El remedio más claro y sencillo que puedo ofrecerte ante esta crisis es que te detengas a pensar que no estás solo. Dios quiere intervenir en esa dificultad si lo usas como fuente primaria para ayudarte a analizar por qué y cómo llegaste a la ruina financiera, y cuáles son los pasos que debes dar para volver a empezar. Las alternativas de edificar sobre nuevas oportunidades serán la aprobación y el respaldo divino incondicionales para guiarte a puerto seguro.

He expresado que *el conocimiento sobre quién es Dios y todo lo que puede hacer por nosotros nos adjudica un poder de autoridad para ejercerlo en toda su plenitud* en el nombre de Él. Esto representa que no estamos exentos de pasar por diversas pruebas, pero si pedimos sabiduría, la obtendremos para identificar cada problema, estudiarlo, canalizarlo, y saber cuáles son las fortalezas o debilidades que deben combatirse hasta llegar a conquistar los pasos para triunfar. Veamos algunos ejemplos de emociones fuertes que causan problemas y desconectan la mente de la realidad.

La depresión

Esta se define como un cuadro emocional donde las personas se sienten sin esperanza, abatidas y tristes. Estos sentimientos se van apoderando de las personas hasta llevarlas a un estado de incapacitación total. Cuando la persona se encuentra en un estado de depresión, pierde la perspectiva de vida si no busca la ayuda con los expertos en la salud mental. La depresión ataca cuando percibimos que hay baja producción económica, ya sea por desempleo, falta de orden, falta de conocimiento o falta de recursos financieros.

Esta condición lleva a las personas a la confusión, causándoles una tristeza extrema donde la mente se ve invadida por pensamientos erróneos y negativos. Con una disminución en sus motivaciones, muchas veces es dirigida a buscar soluciones desfavorables tales como el ingerir bebidas alcohólicas en exceso y caer en el alcoholismo; buscar consejos en amigos o personas que no estén preparados para ayudar; o rechazar el contacto y la relación con los profesionales de la salud mental.

Ante todas estas contrariedades, mi consejo es buscar la presencia y dirección de Dios, quien es el único que puede sacarte del desierto económico y encaminarte a buscarlo como la verdadera solución para tu depresión. *Desde el momento que aprendas que con Él todo es posible, comenzarás a tener paz mental* para buscar las respuestas apropiadas y eficientes para cancelar la falta de confianza en ti mismo y generar esperanza para el futuro. La Biblia establece en Juan 16:33:

> *Estas cosas os he hablado para que en mi tengáis paz. En el mundo tendréis aflicción; pero confiad, Yo he vencido al mundo.*

Esta palabra bíblica nos anima a creer que aun en medio de la persecución, la adversidad o la emoción fuerte que puedan llegar, hay una gozosa paz en la certeza de que Jesucristo nos dará la victoria. Esto representa que con Dios a nuestro lado tendrás un final de bendición.

Debo enfatizar que la depresión, el fracaso y las crisis no son parte del plan de Dios para tu vida. Aunque en estos momentos estés experimentando uno de esos sentimientos, no es lo que Dios quiere para ningún ser humano en la tierra. Dios quiere reestructurar y equilibrar tu situación. Su propósito es ayudarte a reorganizar tus finanzas para poder recuperar lo que se ha perdido. La cita del Salmo 30:11 en la Biblia dice: *"Has cambiado mi lamento en baile; desataste mi cilicio, y me ceñiste de alegría"*.

Esta palabra nos advierte sobre los cambios y resultados que obtendremos ante la más difícil adversidad. El deseo divino es transformar tu depresión, fracasos y lamentos en baile, fiesta y alegría. Esto es indicativo de que vendrán momentos de celebración porque así lo ha dispuesto nuestro Señor. Con Él se va la depresión, no hay lamento, no hay fracasos y no hay crisis que detengan nuestras metas y retos. Por el contrario, Dios está esperando por ti para darte gozo, paz, fe y fortaleza suficientes para que te levantes a buscar Su bendición.

Puede ser que te encuentres en un atolladero o en una crisis donde la atmósfera se vea sombría y en camino a la peor obscuridad. Es ahí donde los pensamientos negativos comienzan a ocupar la mente para hacerte sentir humillación, abandono y soledad. Estos sentimientos anulan el deseo de progresar y paralizan la voluntad de querer combatirlos hasta sacarlos fuera de nuestro estado mental.

Te aseguro que nuestro manual de vida, la Palabra de Dios, no avala ninguno de esos sentimientos, sino que al contrario, nos hace una invitación en Jeremías 33:3 que dice: *"Clama a mí y Yo te responderé, y te enseñaré cosas grandes y ocultas que tú no conoces"*. La firme promesa de Dios es que cuando lleguen las crisis emocionales y financieras, si clamamos a Él, nos revelará cosas grandes y ocultas que no conocemos. Dios prometió a Jeremías lo que nos promete a nosotros hoy: que si nos acercamos a Él y lo llamamos, no solo nos contesta, sino que nos revela *"cosas grandes y ocultas"* que no podrían conocerse de otra manera. El propósito de Dios es darnos una "intuición reveladora" al revelar cosas que de otra manera permanecerían inaccesibles. *Dios te pide que clames, porque cuando tú clamas a Él se disipa el grito de desesperación y el mismo Padre Celestial te contestará y concederá las peticiones de tu corazón.*

Cuando una persona está confundida con sentimientos de derrota, significa que está a punto de rendirse o dejarse vencer por otros que estén en contra de su reacción. Muchas veces la derrota te persigue porque crees que no hay más opciones para conquistar y te entregas a tu propio criterio de pensamiento. La derrota te llevará de seguro al fracaso, que no es el lugar que quiere Dios para ti.

En esta postura los enemigos se aprovechan y se confabulan para hacerte la vida imposible. Se quedan con tus propiedades, te embargan el sueldo, pierdes tus automóviles, y al final todo marcha cuesta abajo y no das ningún paso para levantarte.

Aunque esto parece ser la verdad que te acompaña, no lo es, sino que es la realidad de lo que estás viviendo ante tu crisis o derrota económica. Es en esos momentos donde tienes que restaurarte para recuperar las finanzas e ir a tu manual de instrucciones, la Biblia, para adquirir el conocimiento y la sabiduría que hace brotar renuevos de confiabilidad. Las escrituras nos hacen una importante declaración en 2da. Samuel 22:3, que dice:

> *Dios mío, fortaleza mía, en Él confiaré,*
> *mi escudo, y la fuente de mi salvación,*
> *mi alto refugio, Salvador mío;*
> *de violencia me libraste.*

Esta porción bíblica nos indica que Él es el auxilio único, directo y exclusivo para que junto a su compañía, seamos más que vencedores. Es el comenzar a cambiar tu vocabulario, tus pensamientos y tus deseos por los deseos de Dios que son mejores que los tuyos y que solo quieren lo mejor para ti. Solo así te conviertes en un testimonio vivo del poder de Dios.

Cuando clamas a Dios, se disipa el grito de desesperación. El mismo Padre celestial te contestará y concederá las peticiones de tu corazón. Donde está Dios, la derrota y la depresión no pueden estar.

capítulo

Si sigues en confusión…

Antes de seguir es necesario que te preguntes si hasta este momento de la lectura has podido identificar o entiendes que estás en una situación económica caótica, donde no has podido estructurarte para salir de los problemas y confusión que has creado. Te recomiendo que es importante entender que todas esas adversidades económicas tienen soluciones y alternativas positivas. Esto será así siempre y cuando busques el consejo y el conocimiento apropiado que traiga claridad mental para recuperar el optimismo, y poder iniciar una nueva jornada financiera diáfana y provechosa.

En estos momentos, analiza estas variables y ponlas en práctica:

1. Identifica en qué situación económica te encuentras.
2. Verifica tus números y señala las áreas vulnerables de tu presupuesto.
3. Examina los recursos que tienes disponibles.
4. Planifica cuidadosamente cómo vas a trabajar.
5. Verifica los ingresos que necesitas para combatir o salir del problema económico.
6. Escoge con prudencia dónde buscar ayuda.
7. Sé diligente buscando a Dios en oración para guiarte a puerto seguro.
8. Acciona la fe y decide cómo te vas a enfrentar a esta problemática. ¿Te enfrentas solo; en pareja, o con toda la familia?
9. Después de haber evaluado todas estas vertientes, te sentirás en confianza para buscar la enseñanza y la sabiduría que te ayudarán a vencer en esa aflicción.

Una vez más, busca tu libreta de apuntes para que te conectes con las siguientes preguntas y las contestes con honestidad.

1. ¿Te sientes deprimido, triste o en crisis?
2. ¿Sientes que tus estados de ánimo han decaído ante la crisis financiera?
3. ¿Sientes que tus fuerzas se han debilitado y ya no quieres seguir luchando?
4. ¿Sientes que todas las responsabilidades caen sobre ti y todo se viene abajo?
5. ¿Qué áreas puedes identificar que son las más que te afectan?
6. ¿Te has detenido a estudiar y analizar por qué estás en esa condición y de qué se trata?
7. ¿Has buscado la forma o las vías de escape para combatir tu situación?
8. ¿Confías en que Dios puede abrir puertas para ayudarte?
9. ¿Has tratado de ir a la presencia del Todopoderoso Dios para hablarle y pedirle dirección?
10. En tu intimidad con Dios, ¿has clamado por tu condición y situación difícil?

Una vez hayas contestado todas las preguntas, tendrás un perfil propicio para analizar tu situación económica. Si te enfrentas a la misma, te darás cuenta que ya estás dirigiendo tus pasos hacia el camino correcto. Para poder lidiar con la crisis es indispensable conocerla con todos sus detalles, para buscar la instrucción precisa y adecuada que Dios impartirá para salir de la misma. Te adelanto que *hay que volver al principio para empezar en cero.* Hay que comprender que por falta de conocimiento, el adversario ha atacado y puesto en riesgo tus finanzas. Y como consecuencia, está afectando tu casa, tu matrimonio, tus negocios, tus hijos, tus relaciones, en fin, TODO. Hay que vencer el miedo y el temor que te paralizan y te detienen para quitarte del enfoque que tienes que perseguir.

Todo lo que se detiene cae en un estado de muerte y hay que esforzarse para resucitarlo y volver a producir. El agua estancada es muerta, pero el agua que corre es agua viva que salta para dar vida abundante. La Biblia expone en el Salmo 1:3 lo siguiente: *"Será como árbol plantado junto a corrientes de aguas, que da su fruto en su tiempo, y su hoja no cae; y todo lo que hace, prosperará".*

En su sentido más amplio, en esta palabra el consejo divino es un prerrequisito de la prosperidad. El árbol al recibir agua se nutre, sus hojas no caen y prospera. Eso es lo que quiere Dios para nosotros: nutrirnos con su

Palabra para ser como árbol plantado que da su fruto en su tiempo y todo lo que haces prosperará en ti.

Somos representantes de Dios en la tierra y Él nos creó para que tuviéramos vida y vida en abundancia, ocupados en dar lo mejor de nosotros para ser personas triunfadoras. Esto es importante para cancelar el miedo y el estancamiento que muchas veces nos detiene y no permite que luchemos hasta el final por nuestras metas. *Reconoce la fuerza y el talento que hay dentro de ti, reconoce que tus habilidades vienen de parte de nuestro Creador, que trabaja con todo lo que es imposible para abrir puertas de triunfo ante cualquier adversidad.*

En la Biblia hay diversos ejemplos de personajes que en medio de sus crisis se esforzaron y pudieron salir hacia delante. Recomiendo que busques y leas en la Palabra de Dios con cuáles de ellos quizás te puedas identificar en tu difícil situación. Sería maravilloso que estudiaras las reseñas de Moisés, Abraham, Daniel, Job, Esther, Ruth, Noemí, y otros más que no se rindieron ante la más difícil adversidad.

Este es tu momento de empezar a construir sobre bases firmes y si estás pasando por crisis económicas o personales, empieza a glorificar a Dios, pues de esa condición Él te sacará en victoria con la cabeza erguida y mucha seguridad para llevarte al éxito. La Biblia expresa en Deuteronomio 28:13: *"Te pondrá Jehová por cabeza, y no por cola, y estarás encima solamente, y no estarás debajo, si obedecieras los mandamiento de Jehová tu Dios que Yo te ordeno hoy, para que los guardes y cumplas..."*.

Recuerda que eres un vencedor en el Nombre del Padre, Hijo y Espíritu Santo. Nada ni nadie puede impedir que recobres ánimo para correr a conquistar tu visión. *Necesitas identificar cuál es tu situación real para establecer con determinación el plan correcto que te sacará de la derrota y te pondrá sobre un triunfo arrollador.*

No es tiempo de posponer más los intentos de salir de la crisis, sino estar proactivos para accionar la fe y el plan de trabajo elaborado. Descubre cuáles son tus recursos y tus opciones para iniciar el camino hacia la recuperación económica. Busca refuerzos en personas que tengan el conocimiento para ayudarte y, sobre todo, busca el conocimiento de Dios en Su manual de instrucciones (la Biblia) para recibir autoridad y dominio propio, y para que Él mismo te provea o te indique las soluciones, respuestas y alternativas para que te vaya bien.

Con esta dinámica como expectativa te darás cuenta que las dificultades *y los problemas económicos no vinieron para destruir, sino para que los uses como puente o trampolín para llegar al éxito.* No pierdas el tiempo, aprovéchalo y enfrenta tu adversidad con lucidez y valentía. Descubre cuáles fueron los errores cometidos, busca cómo corregirlos y piensa que ya estás ejerciendo la tarea; te estás moviendo a un nuevo nivel de confianza y bendición. Mostrarás que tienes una paz interior que te permitirá cancelar todo aspecto negativo y verás que con los pocos o muchos recursos que tienes saldrás hacia adelante y súper agradecido por la estabilidad financiera que alcanzarás.

En resumen, si has sido objeto de sentimientos de depresión o se ha acercado a tu vida el conflicto del fracaso o crisis, empieza a dar gracias a Dios que está esperando por ti para darte otra oportunidad. Del desierto o pozo de la desesperación, Dios te saca para presentarte un oasis, porque de ahí se desarrollará un campeón que usará las herramientas necesarias para enfrentar toda adversidad.

Si ya estás en la crisis financiera y así lo has visto, ya estás en el camino del éxito, pues no puedes quedarte en ese lugar y ya sabes que tu manual de instrucciones dice que Dios te llevará de bendición en bendición. Puede ser que estés viendo el problema, pero llegó el momento de superarlo, pues cuando así lo hagas verás la bendición de Dios para ti y para tu vida.

Del desierto o pozo de la desesperación, Dios te saca para presentarte un oasis, porque de ahí se desarrollará un campeón que usará las herramientas necesarias para enfrentar toda adversidad.

capítulo

Finanzas en el matrimonio

Uno de los aspectos más importantes en el proceso financiero de las personas está atado al estado civil. Seas soltero o casado, Dios te ve con ojos de misericordia, y lo que desea para ti y los tuyos es salvarlos, llenar su vida de bendiciones y glorificarse en tu adversidad, ya sea financiera o de cualquier otra índole.

Cuando las personas toman la decisión de casarse, inmediatamente comienza la luna de miel, pero en corto tiempo en muchas parejas esa luna de miel se convierte en relaciones forzosas acompañadas de disgustos, conflictos internos y externos de la pareja, contiendas y malos entendidos. ¿Dónde radica el problema de estas controversias? En los números reales o ficticios del presupuesto de ambos. ¿Por qué se asoma esta rivalidad entre la pareja? La realidad es que antes de casarse no dedicaron tiempo de calidad para analizar y poner en orden sus finanzas. Se concentraron en la fantasía del amor platónico y fugaz donde ambos entendieron que todo asunto económico estaba resuelto, y cuando termina la luna de miel se dan cuenta que esa no es la realidad.

La gran verdad es que desde el momento del casamiento, hay que asumir una serie de responsabilidades que no estaban pautadas en el presupuesto. Hay que pensar que la soltería quedó atrás y en el matrimonio se consolidan pagos de renta, agua, luz, teléfonos, autos, gasolina, seguro de autos, mantenimiento, compra de víveres, almuerzos, medicinas, préstamos (quizás el que hayas tomado para la boda, o para pagar la luna de miel); y la lista no termina aquí y más aún, pues de ser antes sencillos ahora son dobles (hombre y mujer).

En esta nueva etapa de esposo y esposa comienzas a ver la vida de forma diferente, tus perspectivas decaen creando adversidades que no contemplabas en la soltería, lo que a su vez trae como consecuencia conflictos y crisis totalmente desconocidos para el matrimonio. Aunque esa sea la realidad de muchos matrimonios, no es lo que Dios quiere y espera de ellos.

¿Cómo se ha desarrollado esa situación? Muchas veces los problemas llegan rápidamente sin que nadie los invite. Esto se debe a que *antes del matrimonio deben mediar una serie de consejerías donde se refuerza el hacer un análisis financiero que incluya el presupuesto de ambos para asegurar el futuro de la familia.* Es importante establecer que esta área se trabaja en pareja, y es en acuerdo mutuo donde se distribuyen las partidas presupuestadas.

En esa distribución debe prevalecer el diálogo, el respeto y la ayuda mutua para evitar toda confrontación, contienda, o indiferencia sobre la exposición financiera de la pareja. Al aplicar estos consejos en el matrimonio, nos daremos cuenta que habrá un armonioso balance para poder testificar que las bendiciones llegarán. Será necesario observar la prudencia, ya que las cargas económicas también podrían llegar y hay que saber manejarlas en pareja y con mucha sabiduría. *La pareja que en unidad busque a Dios para pedir ayuda y sostén, saldrá victoriosa en toda la preparación de un buen plan financiero.*

Si eres soltero, no caigas en la trampa de gastar en exceso comprometiendo lo que tienes. Busca tareas o actividades que te provoquen entusiasmo y diversión. Haz lo que te apasione, pero con una actitud correcta y adecuada, sin alterar el presupuesto.

Cuando la persona es soltera o divorciada con o sin hijos, la carga económica se hace más fuerte porque tiene que asumir varias responsabilidades. Es en esta situación donde la búsqueda de la presencia de Dios se hace indispensable para enfrentar la adversidad y darse cuenta que Él guiará a cada persona con Su poder e inteligencia, para que pueda vencer en las diferentes crisis financieras que se presenten.

Aquí recomiendo que las personas observen una actitud correcta para reconocer cuáles son los números reales de su presupuesto y revisarlos constantemente. Si se descuida esta revisión, las crisis financieras te alcanzarán y será difícil alinearse para analizar las opciones de oportunidades que te han distraído de tu enfoque principal. Uno de los propósitos de Dios es proveer opciones para que nuevas estrategias puedan brotar para luchar y trabajar hasta que la carga económica sea más liviana.

Un ejemplo a considerar

En 2 Reyes 4:1-7 hay una porción bíblica donde te exhorto a leer un buen ejemplo. Se narra la historia de una viuda viviendo en escasez. Su esposo antes de morir no planificó una estructura financiera para que su familia no sufriera de escasez en su ausencia. Esta decisión obligó a la viuda a poner en acción su fe e ir hasta el profeta Eliseo a contarle su problema.

Hasta hoy esta historia se compara con lo que sucede en la vida cotidiana. De este relato podemos aprender que Dios posee recursos ilimitados para acudir en ayuda de aquellos que en Él confían. Temer que no tendremos lo suficiente en tiempos de necesidad niega al Dios que a sí mismo se ha llamado "Jehová-Jireh", que significa "el Señor es nuestro proveedor". Te aseguro que Dios tiene el poder de suplir tus necesidades, aun cuando no sepas cómo lo hará.

Muchas veces en el matrimonio se da la dinámica donde ni el esposo, ni la esposa son conscientes de cómo se sostienen las finanzas del hogar. Cuando uno de los dos está a cargo de las finanzas sin ponerse de acuerdo sobre sus activos y pasivos, surge un caos económico provocado por ellos mismos.

En la historia bíblica antes citada, la viuda tenía una familia que mantener, pero también tenía acreedores que la perseguían. Tenía escasez para suplir sus necesidades básicas, por lo que accionó su fe al obedecer las órdenes del profeta Eliseo, lo que sin duda le dio ánimo para enfrentar sus problemas financieros. Me imagino que al igual que esta viuda, muchos estarán en la misma situación pensando y preguntándose:

1. ¿Cómo manejo las finanzas ahora que mi esposo no está?
2. ¿Qué voy a hacer ante esta crisis?
3. ¿Cómo voy a cumplir con mis compromisos de pago?
4. ¿Cómo sostendré a mi familia?
5. ¿A quién pediré ayuda y cómo haré para alimentarnos?

Otras preguntas invadirán tu mente y las múltiples respuestas no responderán ni proporcionarán la orientación eficaz. El profeta no la consuela, ni le pide detalles sobre su caos financiero, simplemente le pregunta: *"¿Qué te haré yo? Declárame ¿qué tienes en casa?"*. Lo primero que tienes que hacer es buscar qué es lo que tienes en tu casa para usarlo y convertirlo en solución. *Lo que Dios va a hacer lo hará con lo que tienes. No debes menospreciar lo que tienes; todo es importante y esencial en la vida.*

En este caso la viuda solo tenía un poco de aceite, y un poco de aceite en tus manos no vale ni resuelve nada. Pero un poco de aceite en las manos de Dios es más que suficiente para desatar una bendición sobrenatural que los hombres no saben ni pueden explicar.

Mientras la viuda iba echando en las vasijas el poco aceite que le quedaba, iba viendo cómo Dios convertía unas pequeñas bendiciones en una abundante provisión. Este relato se convierte en una lección objetiva sobre lo que hay que hacer ante la escasez. Es importante hacer un listado en donde puedas señalar cuáles son los ingresos, activos y bienes que posees.

Todo proceso monetario hay que cuantificarlo, esto responde a: el efectivo, ahorros, cuentas de retiro, seguro social, ayudas del gobierno, cupones de alimentos, planes de retiro, propiedades vigentes. Así que cuantifica todo lo que tienes.

Una vez entiendas y conozcas el valor de lo que tienes, estás listo para recibir y ver el milagro financiero que Dios va a desatar con los recursos necesarios para hacer y ver la voluntad divina sobre las finanzas y resolver tu crisis. Cuando prepares la lista antes mencionada, debes incluir también cuáles son tus talentos y las destrezas con las cuales Dios te ha equipado, que son las que al ponerlas en práctica te ayudarán a salir hacia delante.

Por eso debes saber qué activos y pasivos tienes disponibles, para definir cómo se van a utilizar en tu diario vivir. Escribe una lista de todas tus propiedades, para qué te sirven, qué te solucionan. Examina en qué condiciones se encuentran y qué mantenimiento se le da a los equipos que tengas, que a la misma vez ayude a evaluar las condiciones de los mismos para determinar si podrían convertirse en activos financieros productivos de soluciones.

Tan pronto percibes, entiendes y conoces con cuáles recursos cuentas, te concentras y te estimulas para dar forma a las ideas surgidas e iniciar planes o procesos dirigidos a combatir el problema o la crisis financiera.

Si este sistema funciona, podrás ver de forma convincente, clara y sencilla la conexión y la perspectiva más completa necesarias para volver a empezar.

> *La pareja que en unidad busque a Dios para pedir ayuda y sostén, saldrá victoriosa en la preparación de un buen plan financiero.*

capítulo

Cuenta lo que tienes; no lo que no tienes

Cuando vamos a resolver nuestra crisis financiera, es imperativo conocer con claridad, administrar y manejar cuidadosamente los ingresos que recibimos y los bienes que poseemos. Nuestra prudencia será la herramienta asertiva para utilizar y atacar los problemas financieros.

Muchas veces cuando me reúno con los clientes y les pregunto qué problemas tienen y cómo puedo ayudarlos, verbalizan todos los problemas económicos que tienen, pero no me dicen ni aclaran con qué recursos cuentan para superarse ni saben cómo llegaron a esa situación. Hay que recordar que para trabajar cualquier circunstancia económica, es necesario saber con qué herramientas cuentas y conocer por qué llegaste a esa situación.

Ingresos principales y el valor de tus habilidades

Una de las herramientas más valiosas que tenemos es el ingreso que recibimos. Para trabajar con esta herramienta hay que observar y conocer bien cuánto es el salario bruto y el salario neto que recibimos. De ahí podemos evaluar las deducciones que se muestran, y así examinar si se puede solicitar tiempo extra en el trabajo, buscar un segundo empleo, o hacer los ajustes en las deducciones del sueldo o hacer ajustes en los gastos convenientes y necesarios para el presupuesto.

Hago hincapié en que la primera fuente de nuestro ingreso debe ser la que proviene del trabajo realizado. Es en esta gran oportunidad que se recibe remuneración por los deberes y las responsabilidades trabajados con excelencia.

Un aspecto importante es que cuando comienzas el adiestramiento en un empleo, el patrono y tú se han puesto de acuerdo sobre la remuneración o paga semanal, quincenal o mensual. Si sales victorioso de tu adiestramiento y eres uno de los mejores empleados, el patrono y todos los que estén cerca se darán cuenta que tu paga no es suficiente, que debes ser promocionado a otro nivel de clasificación y retribución. Por el contrario, si después de tu reclutamiento no das lo mejor de ti, y tu trabajo es mediocre, entonces lo que se te paga se convierte en mucho, pues observan que no rindes el máximo en tus deberes.

Así que no importa el trabajo que se realice, el esfuerzo, la entrega y dar lo mejor de sí mismo es lo que llevará a cada trabajador a comprometerse legítimamente para, en su tiempo, cosechar lo que ha sembrado. Te recuerdo que todos estos consejos están en tu manual de instrucciones, la Biblia. Si trabajas bien, con la fuerza que Dios te ha dado, recibes tu salario y desde ese momento comienza la planificación de tu vida financiera. Aprenderás a no gastar más de lo que ganas, lo que te guiará a tener tus prioridades claras para hacer buen uso de tu dinero.

Un elemento clave que deseo resaltar es que cuando trabajamos en lo que nos gusta o nos apasiona, le dedicamos todo nuestro esfuerzo, dedicación y entrega. El tiempo en nuestras tareas se va volando y la remuneración viene a ser la recompensa ganada por completar lo asignado.

Es necesario que identifiquemos para qué o en qué somos buenos; así podemos señalar los talentos que tenemos y cómo los podemos usar al máximo. Esto nos ayudará a aprender que podemos ser creativos, resolver nuestros problemas económicos, y ayudar a otros a resolverlos también.

Una vez descubramos nuestras habilidades, nos daremos cuenta que el trabajo o los proyectos que iniciemos serán realizados con buenos deseos, con mucha alegría, y el tiempo se nos irá rápido porque laboramos en lo que nos gusta. Aunque trabajemos por un salario, laboramos con gozo porque nos apasiona lo que hacemos.

Ama lo que haces

Hay una gran diferencia entre el deber y el deleite. Cuando disfrutamos lo que hacemos o lo que nos gusta, utilizamos los talentos y somos agradecidos por trabajar de la manera que agrade a Dios. Una vez que exploramos nuestro potencial, este se convierte en experiencias de aprendizaje para toda la vida.

Si tu potencial o talento te dirigen a trabajar en cocinar, limpiar, vender, escribir, enseñar, o hacer otras cosas, realízalos con vehemencia y con emoción. *Dedica el mejor esfuerzo en sembrar tu semilla, y lograrás ver el fruto de lo que has sembrado.* Dejarás un legado que ayudará a otros a imitar tu fe y tus deseos de superación.

Les invito una vez más, mis lectores, a reconocer que fuimos creados con un propósito y este no es el de duplicar o imitar lo que otros hacen. No existen dos personas iguales. Somos únicos, genuinos, pues así lo quiso el Creador. Por lo tanto, seamos originales y no imitemos los comportamientos negativos de otras personas.

Cuando decidimos confeccionar alguna receta de alimentos, la primera vez que la cocinamos nos dejamos llevar por la persona que nos enseñó a elaborarla. Una vez que aprendemos la confección de la receta, la perfeccionamos, le ponemos nuestro sabor y nuestro sello de identidad. Es lo mismo que sucede con tu presupuesto y tus finanzas. Una vez logres aprender a balancear y manejar tus finanzas, te darás cuenta que el cielo es el límite y con Dios como tu aliado y asesor, te restaurarás. Nunca más tomarás a la ligera el participar en actividades financieras dudosas que traigan desilusión y problemas innecesarios a la familia.

Les presento una sencilla analogía que los puede ayudar. Imagínense una bola de baloncesto en sus manos y una bola de baloncesto en las manos de un jugador famoso de la NBA. Se imaginarán la diferencia. Si no practicas con el balón, no vas a encestar. Así mismo es el área de las finanzas. Sin practicar, no se aprende a corregir los errores, no te darás cuenta que Dios quiere ayudarte y darte confianza para cambiar tu estilo de vida. Él quiere ser tu Ayudador, tu Escudo y tu Provisión. Esta combinación es poderosa, ganadora y asertiva en el manejo de tus finanzas.

Este hecho se invierte cuando laboramos en tareas que no nos agradan y aceptamos trabajar por la necesidad del momento, sin conocer con cuáles responsabilidades nos vamos a encontrar.

En estos casos no apreciamos nuestros empleos y el ir a trabajar se convierte en una carga súper pesada que casi siempre está llena de obstáculos, dificultades y falta de entusiasmo.

Es imperativo entender que tener un empleo en los días que estamos viviendo es un privilegio, pues una vez se comienza a trabajar es una bendición que Dios ha provisto para poder hacer frente a tu carga económica. Si ponemos a Dios como prioridad y amamos lo que estamos haciendo, Él nos pondrá en el lugar apropiado y seremos conmovidos a ver nuestros trabajos como oasis de bendición.

Cuando cambiamos de actitud sobre nuestro trabajo y somos agradecidos, lo realizamos con agrado, y tomamos tiempo para bendecir al patrono, la empresa, nuestros compañeros de trabajo, y todo lo que se relaciona con el lugar donde trabajamos. No es necesario tratar los asuntos laborales con arrogancia, altivez y orgullo, sino por el contrario, se debe ser cooperador, humilde, manso (no menso); dejar huellas de madurez, de buena actitud y conocimiento, las cuales son características de valores positivos para vencer las actitudes incorrectas.

Al permitir que Dios esté, todo prosperará y seremos bendecidos para impactar en todo lo que hagamos. *No es con fuerzas humanas que trabajamos, sino con las que Dios nos da para poder triunfar sobre toda adversidad.*

Sin embargo, no permitas presiones exageradas, ni aceptes humillaciones o insultos, pues tú eres creación de Dios, y mereces respeto. Si estos sentimientos negativos suceden o están sucediendo en tu empleo, entonces ese no es el lugar apropiado para trabajar. Esta no es la dinámica que Dios quiere para tu persona, pues expones tu vida y tus emociones a daños fuertes. Cada persona es digna de merecer un trabajo y que en el mismo se le respete, se le trate con amabilidad para que en sus deberes y responsabilidades sea más efectivo y productivo.

Propiedades

Además de conocer tus ingresos, es fundamental señalar cuántas propiedades posees, qué valor muestran en el mercado, cuánto deben de hipoteca y cuánto pagas de las mismas, y de mantenimiento. Es importante conocer los seguros que tiene cada propiedad, qué reparaciones necesita y qué uso se le está dando al presente. También debes descubrir qué potencial de ingreso pueden tener tus propiedades, pues si las pones a producir, esas propiedades comienzan a trabajar para ti y te ayudan con tu carga financiera y con tu presupuesto. De igual forma, otras propiedades tendrán la misma consideración, como por ejemplo, los vehículos, terrenos, ahorros, cuentas de retiro, estipendios por el uso de los automóviles, pagos de cursos o clases, y cualquier otro valor que sea de ayuda para generar ingresos. Identifica qué propiedades tienes, pues todo lo que Dios te provee es para algo bueno.

¿A qué llamamos "propiedad? Incluye las cosas que poseemos de forma absoluta, y que son y están bajo nuestro total dominio. Es el derecho o facultad de poseer algo y a su vez poder disponer del mismo dentro de los límites legales. Son cosas que son objeto de dominio.

Una vez conocemos lo que tenemos o poseemos realmente tendremos el conocimiento de todo lo que podemos alcanzar con nuestras cosas.

Activos y pasivos

Fíjate que para estar a la vanguardia sobre los gastos que vayan surgiendo es imperativo conocer con cuáles activos o bienes cuentas.

¿Cuáles son los "activos"? Son todas aquellas cosas que poseemos. Es el haber de una persona. Otra forma de definirlos es algo que poseemos y que nos ayuda a generar ingresos. Es el conjunto de cosas, bienes y derechos con valor monetario y que nos permiten generar ingresos.

Estas cosas que poseemos a veces están atadas a deudas u obligaciones que nos imponen una carga económica sobre nuestras finanzas. Para eso hay dos palabras que debemos conocer: "pasivos" y "deudas" u "obligaciones".

- "Pasivos" son las deudas u obligaciones financieras que carga una persona, y que disminuye el valor de sus activos o que respondería con sus activos para pagarlos.

- "Deudas", aunque todos conocemos su significado, son las obligaciones generadas por una persona o entidad y que requieren de un pago o de satisfacer a otra persona. Es un compromiso contraído y generalmente su forma de pago es con dinero.

- "Obligaciones" es algo que alguna persona o entidad se comprometió en realizar. La mayoría de las veces el compromiso es monetario y requiere de un pago.

Toda esta información anterior es la que debes conocer para manejar tu crisis financiera y para saber preparar un presupuesto. Recuerda que para salir de tu crisis financiera es esencial conocer de qué se trata. Examina tu situación financiera ahora y verás que cuando hablas de las deudas tienes que hacer un alto y pensar, pues muchas veces no queremos saber lo que debemos. Es vital conocer lo que debes, como conoces tus enemigos, pues tú quieres ser libre de ellas, pero si no sabes las que son, ¿cómo las vas a eliminar?

No te cargues, solo conócelas, pues todas tus deudas tienen una debilidad y es cuando se enfrentan a ti acompañado por Dios. *Recuerda: Dios y tú son el equipo ganador y una deuda nunca te va a vencer.*

Si ponemos a Dios como prioridad y amamos lo que hacemos, Él nos pondrá en el lugar apropiado que hará multiplicar nuestra semilla.

capítulo

Presupuesto: un aliado invaluable

Tú siempre necesitas hacer un presupuesto. Si vas a realizar una comida, o una fiesta o vas a trabajar con tu vida, siempre vas a necesitar conocer tus números. El presupuesto debe ser con números reales y la clave es seguirlo y respetarlo. Para desarrollar un presupuesto, necesitas saber cómo organizar tus finanzas. Un presupuesto es la premisa anticipada de los ingresos y gastos de una persona o familia. También puede ser la evaluación sobre la cantidad de dinero necesaria para hacer frente a los compromisos económicos de la vida cotidiana.

Este libro está más concentrado en el área de las finanzas y en particular a los números reales cuando se establece un presupuesto. Estas áreas bien diseñadas son las que indican cómo están funcionando nuestras obligaciones financieras, patrimonio, y bienes. Sobre todo, nos muestran cómo trabajar nuestras finanzas en el día a día. Nuestro presupuesto será el norte o la herramienta que ayudará a determinar cuán responsables somos con nuestras finanzas. Este aprendizaje nos lleva a mejorar y darnos cuenta si realmente estamos prosperando en el uso del presupuesto o hemos fracasado en el mismo.

Cuando se prepara un presupuesto se aprende a cumplir con los compromisos económicos adquiridos y nos advierte cuando estamos en rojo o en negativo utilizando las tarjetas de crédito para pagar deudas fuera del presupuesto. Es importante conocer cuál es tu presupuesto y cuáles son los números reales del mismo. Estas dos vertientes son el reflejo exacto y correcto de cómo estamos organizados para llegar a tener estabilidad económica.

La realidad es que en un presupuesto los números no nos van a engañar; solo nos advierten cuán apropiadamente estamos usando los ingresos y nos van a dar la instrucción de cuándo tenemos que modificarlas. Antes de hacer el presupuesto, recomiendo hacer un listado del inventario que se necesita para producir con responsabilidad, y llegar a la meta de lo que queremos lograr en la administración de los bienes que poseemos. Esto es vital, ya que los bienes han sido estructurados para cumplir con las exigencias de la sociedad en que vivimos.

Cambiar el orden

1. Preparar una lista, lo más detallada y exacta de lo que tenemos.

2. Preparar un listado de todas las deudas contraídas (esto incluye nombre y dirección de los acreedores, los números de cuenta, el pago mensual, los pagos pendientes para el saldo, y el balance final adeudado)

3. Preparar una lista de todos los ingresos generados

4. Preparar otra lista con posibles ingresos extras, ya sea de ventas, trabajos extracurriculares, tales como tutorías, consultores de productos de belleza, u otras formas en que hayas ganado dinero

5. Preparar una lista de tus gastos ordinarios y recurrentes.

6. Elaborar un plan de trabajo para producir un poco más con los ingresos laborales, organizar las finanzas, y hacer reajustes en los pagos

7. Organizar el tiempo y llevar agenda en armonía con el calendario
8. Establecer metas a corto y a largo plazo
9. Considerar revisar todo inmobiliario que no se necesite, para ponerlo en venta con el propósito de que el dinero adquirido se use para reducir o liquidar las deudas
10. Revisar mensualmente el plan de trabajo para evaluar e identificar los logros obtenidos

Hay que frenar los impulsos para no caer en el juego de los acreedores y convertirnos en compradores compulsivos. Muchas veces las propagandas llamativas nos hacen caer en la tentación de comprar artículos o equipos que no hacen falta, porque se afecta el crédito y el presupuesto establecido. Lo que sí es una realidad es que los bienes adquiridos son parte del patrimonio familiar, pero aun después de haber cometido errores financieros, Dios no nos deja y está esperando por nosotros para darnos estrategias y planes para aprender a modificar nuestra conducta en el área de las finanzas.

Acercarnos a las personas expertas en finanzas nos ayudará a buscar soluciones o alternativas para resolver nuestros problemas económicos, y salir de las ataduras financieras y exigencias que nos presenta la sociedad. El consultar a uno que está igual que tú nunca te va a ayudar a salir de la situación, pues el recurso utilizado está igual o quizás peor que tú. Ejemplo, no puedes pedirle consejos sobre el matrimonio a uno que está divorciado, pues esta persona no pudo salvar su propio matrimonio. De igual forma no le puedes pedir un consejo financiero a uno que está igual de endeudado que tú, pues si no sabe manejar sus finanzas, ¿qué consejo te puede dar? Cuidado con quien consultas. Recuerda, tu mejor consejero es Dios.

Otro listado que tenemos que analizar y tener en cuenta es el siguiente:

1. ¿Cuál es el uso que le vamos a dar a ese artículo o equipo que compramos?
2. ¿Qué nos motivó a comprarlo?
3. ¿Con cuánta frecuencia lo utilizamos?
4. ¿Cuáles son los resultados logrados?
5. Cómo sacar provecho de lo adquirido y ver cuán productivo o beneficioso es para la familia

Con la ejecución de lo antes mencionado vendrá sobre nosotros la riqueza *de la enseñanza, la inteligencia y la sabiduría* para implementarla bajo la dirección divina. La aplicación de estos tres principios serán los estandartes necesarios para desarrollar nuevas ideas y nuevos comienzos en el arte de mejorar nuestras finanzas.

Hoy día tenemos el problema de no estar pendientes de los números exactos de nuestro presupuesto.

Un presupuesto controlado donde los gastos estén en armonía con la entrada y salida del dinero que recibimos será nuestro mejor aliado, y nos va a ayudar a crecer en conocimiento para caminar bien orientados en las finanzas. *Te presento un modelo de presupuesto en el Apéndice de este libro, para facilitarte preparar el tuyo.*

No adquieras cosas por tenerlas y busca cómo ese equipo o propiedad te va a ayudar. Identifica qué problema te va a resolver y cuánto te vas a ahorrar. Con el ahorro que generará, calcula cuánto tiempo se tarda en pagar ese artículo o equipo y qué vida útil tendrá para que descubras por cuanto tiempo lo tendrás y como te ayudará a generar más ingresos para ayudar o aliviar tu presupuesto.

Cuando estamos bien orientados podemos analizar objetivamente el cuadro financiero que tenemos. Según nuestro estatus personal y social, así será nuestro plan financiero. Si eres soltero y vives con tus padres y familiares, la libertad financiera podrá ser el vehículo que utilices para ahorrar, comprar tu casa o apartamento, ayudar a tus padres y cuidar del salario recibido. Cuando estás casado, tienes hijos, y vives en tu propiedad o en la casa de algún familiar, la dinámica de la sabiduría es bien importante para no caer en la escasez económica. Cuando se trata de padres o madres solteros también tienen que buscar la ayuda divina para madurar y fortalecerse en la relación con Dios y sus finanzas.

En cada uno de los ejemplos aquí presentados Dios ofrece nuevas oportunidades para salir de la ruina financiera. Buscar de Dios y darle nuestra gratitud siempre producirá bendiciones.

Te invito a tomar un espacio de tu tiempo y tu lectura para contestar las siguientes preguntas:

1. ¿Dónde estás ubicado en estos momentos de tu vida? ¿Te sientes cómodo con lo que tienes o deseas un cambio?

2. ¿Qué situación en particular te está afectando o estás viviendo en esta etapa?

3. ¿Cómo ves a Dios en tu vida, cuál es tu relación con Él?

4. ¿Qué información o datos necesitas conocer y aprender para salir de tu crisis financiera?

5. ¿Qué situaciones o circunstancias hay que cambiar para empezar de nuevo?

6. ¿Qué herramientas tienes en las manos para iniciar el cambio?

7. ¿Cuáles son las ideas, propósitos u objetivos que debes expresar?

8. ¿Cuándo estás dispuesto a comenzar?

9. ¿Qué recursos de ayuda necesitas?

10. ¿Cuáles son los pasos a dar para lograr llegar a la meta deseada?

Es importante señalar que estas preguntas son el examen o la advertencia de Dios todos los días. Él está dispuesto y listo para concedernos lo que necesitamos. Cuando examines las respuestas, te darás cuenta que seremos promovidos a otro nivel cuando conocemos las respuestas a esas preguntas. En la vida llegan eventos que nos enseñan que no puedes seguir donde estás y necesitas cambiar. ¿Estás listo? ¿Deseas hacerlo?

Anímate, Dios quiere lo mejor para ti y Él está siempre listo para promoverte. ¿Y tú?

Este será el nuevo nivel que Él nos ha planificado: uno de paz, gozo, amor, prosperidad, multiplicación, fructificación y autoridad para ejercer y vencer en los dominios de nuestras adversidades. Dios delinea y nos alinea en un nuevo y mejor camino financiero.

Esta es la base para empezar a trabajar en las crisis financieras. Después de instruirte, puedes dar rienda suelta al plan que hayas desarrollado y evaluar cómo va fluyendo su ejecución.

Los gastos

Después de controlar tu presupuesto, estarás más confiado para saber cuánto dinero necesitas para cumplir con los pagos de la renta, utilidades, tales como pagos de agua, electricidad, gas, teléfonos, Internet, cable, y cualquier otro gasto que se presente.

Son importantes también los pagos de alimentos, ropa, medicinas, escuela o colegios, doctores, planes médicos, gastos escolares como almuerzos, meriendas, transportación, pago de automóviles, gasolina, mantenimiento de la casa y del auto, seguros de auto y casa, y cualquier otro gasto que puedas tener.

Además, debes hacer una lista de las deudas, sus balances, y el pago mensual o semanal. Por último, pero no menos importante, si te congregas y le sirves al Señor, debes añadir en tu lista el diezmo y las ofrendas a Dios. Una vez tienes todos los números de pagos sobre tus cuentas, entonces sumas todos los pagos, los restas de tus ingresos, y el sobrante de esa suma y resta es lo positivo y tu ganancia, o lo que has ahorrado después de cumplir con tus obligaciones.

Aquí es que nos llevamos la gran sorpresa cuando descubrimos que hemos gastado y consumido más de lo recibido o devengado, y es cuando surge la interrogante espontánea: ¿Cómo lo resuelvo?; ¿Cómo llegué hasta este descontrol? La respuesta es que si no seguiste la planificación del presupuesto, desde luego que al no seguirlo, fuiste creando un mayor desastre financiero.

En nuestro manual de instrucciones específicamente en el libro de Malaquías, capítulo 3, versículo 10 expresa:

> *Traed todos los diezmos al alfolí y haya alimento en mi casa; y probadme ahora en esto, dice Jehová de los ejércitos, si no os abriré las ventanas de los cielos, y derramaré sobre vosotros bendición hasta que sobreabunde.*

En esta Palabra, Dios nos reta y nos está diciendo que si decidimos cumplir con Él primero, dar nuestros diezmos y ofrendas primero y somos generosos, Él nos seguirá supliendo para que podamos continuar con ese estilo de vida generosa. Diezmar debe formar parte de la vida del creyente, ya que constituye una expresión de fe en que Dios es la verdadera fuente de vida. Diezmar y ofrendar es una manera de decirle a Dios: "Tengo la confianza de que me darás todo lo que necesito para seguirte en una vida de generosidad".

Considero que ya estás viendo el punto relevante de lo explicado en ese verso bíblico. La conclusión es que Dios es el mejor socio y el mejor para guiarnos a establecer negocios, pues he aprendido que cuando obedezco a Dios y le doy el diez por ciento, Él me otorga más de lo que necesito para sostener a mi casa, a mi familia, mi trabajo, mi iglesia, y ofrendar a mis pastores y a todo aquel que se acerque con necesidad. Dios me lo garantiza y si Él lo garantiza, tenemos que creer con nuestro corazón. Ahora, piensa: ¿cuándo yo sé que lo recibido y la bendición vienen de Jehová?

Enseñanza, inteligencia y sabiduría bajo la dirección divina nos ayudarán a desarrollar nuevos comienzos en el arte de mejorar nuestras finanzas.

Vivir bajo la bendición de Jehová

Para responder a esta pregunta tenemos que conocer bien lo que es estar en bendición. La bendición alude a que Jehová nos hace prosperar y nos protege de cualquier daño que pueda presentarse. Implica favorecer a toda persona que se acerque a Dios para tratarla con misericordia. *La bendición también es recibir lo excelente y maravilloso de Dios. Es ver en Su tiempo lo que en oración pedimos para recibir lo que necesitamos.* La bendición es la respuesta a nuestro clamor e intercesión por otros. Lo importante es no dudar, ya que Dios se especializa en darnos lo que nos conviene para que atesoremos su bendición. Por ejemplo, tus bendiciones podrían ser:

1. Conseguir un nuevo empleo o ser promocionado en el que ya tienes
2. Obtener un automóvil nuevo
3. Hacer un nuevo contrato de negocios o trabajo
4. Recibir ayuda inesperada
5. Ver la solución de un pleito donde se desatan las finanzas
6. Recibir el perdón de una deuda
7. Recibir una beca estudiantil para tus hijos
8. Recibir milagros o respuestas que no puedes imaginar que ayudarán en tu difícil adversidad financiera.

La lista de las bendiciones que podrían llegar en cualquiera de tus escenarios es innumerable, pues para Dios no hay nada imposible. Otro pasaje bíblico que impacta mucho es el milagro que Jesús hizo con los dos peces y los cinco panes. Aunque esta porción bíblica se encuentra en los cuatro Evangelios, recomiendo leer y analizar lo que expone Marcos 6:30-44. Si resumimos, en este milagro de Jesús se resaltan varios factores muy importantes:

1. Los primero que hace Jesús es que no pregunta, ¿cuántos son?, o ¿qué les podemos dar? Tampoco se preocupó en preguntar ¿qué vamos a hacer?

2. Simplemente Jesús pregunta: *"¿Cuántos panes tenéis?"* (v.38). Esta pregunta es súper asertiva, pues todo comienza con lo que tú tienes. Jesús bendijo los panes y se los entregó a los apóstoles, que comenzaron a alimentar las personas que estaban allí. Lo segundo que ocurrió fue que tanto el pan como los peces fueron entregados en las manos de Jesucristo. Más allá de la bendición, Jesús confió en el Padre para que el milagro desatado pudiera satisfacer las necesidades de la multitud.

El milagro de Jesús obedece a la compasión que tenía por la multitud, que es la misma compasión que tiene por nosotros, y cuando le entregamos lo poco que tenemos en nuestras manos, Él lo multiplica y también se desata el milagro para ti y tu generación.

Con tus recursos, bienes y tu acercamiento a Él, podrás apreciar las recompensas que Dios tiene para ti. Te aseguro que Dios no nos quiere ver en escasez, sino que al contrario, Él abrirá las ventanas de los cielos y dará bendición hasta que sobreabunde. Él nunca se cansará, ni se agotará su provisión para darte lo que te conviene, lo que es necesario y más.

Así son los atributos de Dios en cuanto a las finanzas, sin tener que imitar las del mundo. Por eso debes estar alerta y pendiente de entregarle todas las áreas de tu vida a Él, especialmente el área de las finanzas, pues Sus bendiciones son y serán sobreabundantes.

Otro ejemplo bíblico de la provisión divina se encuentra en 1 Reyes, capítulo 17, versículos 8-16. Esta porción trata de la viuda de un lugar llamado Sarepta y cómo Dios multiplicó lo poco que tenía en sus manos.

Las bendiciones de vida y la prosperidad que recibió aquella viuda por obedecer al profeta Elías y no dudar en compartir la torta de harina que le quedaba, forman un fuerte contraste con el hombre y la escasez por la que estaba pasando la viuda. Confía en que hacer lo que el Señor te dirige, allí está Su provisión. La fe en acción no permite que la amenaza de las privaciones o escasez económica alteren el curso futuro decidido por Dios. Aquella viuda tuvo la suficiente fe para alimentar al profeta Elías y referirse a su Dios, llamándolo Señor.

Nunca permitas que el peligro de ingresos más bajos te haga renunciar a la dirección de Dios en tu vida. Asegúrate siempre de creer que el Señor sabe cómo cuidar de nosotros y de nuestra familia. Esta mujer viuda, sin recursos, con familia, problemas financieros, sin ingresos, sin negocio y sin parentela que la ayudara pensaba que no había más oportunidades para ella, pero Dios tenía Su mirada en ella para bendecirla.

Lamentablemente en ese estado se encuentran muchas personas, pensando que ya no hay oportunidad, que no tienen derecho ni el ánimo para levantarse. Piensan que sus talentos han perdido valor, y lo que desean es morir sin darse tiempo para recuperar lo perdido.

Pero ¿sabes?, si estás pensando estas atrocidades, ¡despierta!, ya que estás en un gran error. Esa no es la verdad de Dios para ti. Quizás esa es la realidad en que vives, pero los pensamientos de Dios para ti son de bien y no de mal, para que puedas alcanzar lo que te propongas hacer. La verdad de Dios es buena y Él lo que anhela es que te fructifiques, que aprendas a multiplicar lo que te ha dado, que disfrutes de la vida abundante y empieces a cancelar los pensamientos de derrota y muerte, y sí penses en vivir, y en ser una persona exitosa que se motiva para triunfar.

En la historia de la viuda vemos que el profeta le dice: *"Te ruego que me traigas un poco de agua en un vaso, para que beba... Te ruego que me traigas también un bocado de pan en tu mano"* (vs. 10-11). Ella le contesta que tiene harina para hacer una torta y luego morir. El profeta le ordena que primero haga una torta para él, y luego una para ella. Aquí resaltó la obediencia de esta viuda, cuando bendijo al profeta con lo que tenía. Entonces un milagro sobrevino para esta viuda: Dios multiplicó la poca harina que tenía. Se había cancelado la escasez y ella vivió, comió, sostuvo a su familia, trabajó con su situación financiera, pagó sus deudas y fue grandemente bendecida.

En resumen, hay un trabajo que tenemos que realizar. Responde estas preguntas para ti mismo:

1. ¿Qué tienes en tus manos, en tu casa?
2. ¿Cuáles son tus talentos?
3. ¿Qué puedes elaborar o crear con lo que tienes?
4. ¿Cuál es tu sentir sobre dar prioridad, o separar el diezmo de Dios?
5. ¿Cómo distribuyes tu ofrenda a Dios?
6. Prepara la lista de tus gastos ordinarios para vivir.
7. Establece siempre cuáles son tus prioridades.
8. Prepara la lista de todas tus deudas.
9. Cree que un milagro puede ocurrir y desatarse ante tu mirada.
10. Establece acuerdos con tus acreedores y comienza a pagar poco a poco, o según generas ingresos.
11. Trata de no volver a cometer los mismos errores con tus finanzas.
12. No inviertas ni gastes dinero en lo que no necesitas.
13. Verifica que tus gastos sean los esenciales.

Como ves, si evalúas y observas cada una de estas variables y obtienes el conocimiento correcto de tu problema financiero, este se irá reduciendo y los números en el presupuesto serán los apropiados y eficientes. De esta manera te darás cuenta que con lo que has identificado que posees, y la ayuda de Dios, tendrás dinero para pagar sabiamente y tener un sobrante para atender cualquier emergencia.

> *Si sigues la matemática de Dios, serás restaurado con la aprobación divina.*

capítulo

La fe rescata

Para cualquier obstáculo, situación difícil, o eventos inesperados que podamos tener en la vida, es necesario hacer uso de herramientas que nos permitan solventar cualquier dilema. Hay que tener en cuenta que la mente nos engaña, desarrollando e hilvanando pensamientos catastróficos donde por el bloqueo mental creado no vemos ninguna salida, ni buscamos las alternativas viables para dar atención esmerada a lo que tenemos que resolver.

Esta adversidad opaca la visión para no ver que estas crisis en desarrollo traen un elemento nuevo de credibilidad a nuestra vida, el cual se conoce como el "factor Dios". Las crisis no vienen para destruirnos, sino para motivarnos a estar cerca del Todopoderoso, "El Gran Yo Soy", quien todo lo sabe y todo lo puede. Este elemento es muy importante, pues es con la mente puesta en Dios, y con Su ayuda, que vamos a tener el potencial para derrotar y afrontar cualquier crisis que enfrentemos, en especial la crisis económica y financiera.

Muchas veces en mi diario vivir he tenido situaciones difíciles con las que lidiar. Quiero afirmar que humanamente trataba con diferentes opciones e ideas conocidas o implantadas por mi persona, pero no veía la salida, porque mi mente no estaba lo suficientemente despejada para ver resultados con mis opciones y alternativas. Luego descubrí que el ser humano no puede hacer nada sin contar con Dios. Tomé en cuenta que con mis propios criterios de pensamiento no avanzaba, pero con la ayuda de Él, sí podía encontrar respuestas para ver la situación desde la perspectiva de Dios, y trabajar con la misma.

Así que sobre esta premisa divina, he instituido en mi oficina lo que he llamado la "Oficina del Dios

Altísimo". He aprendido que quiero estar unido y protegido por Dios en todo lo que hago, y como consecuencia recibo Su apoyo y dirección para que todo salga bien. Por lo tanto tiene que llegar ese día o ese momento donde puedas convencerte sin dudar, de que sin Dios en nuestras vidas, no vamos a lograr salir de la mentalidad de escasez, ni de las crisis financieras o crisis generales.

Como ejemplo, te escribo este testimonio relacionado a una situación difícil por la que pasé y cómo vi el mover de la Mano de Dios en la solución de la crisis. Normalmente pago las nóminas de los empleados cada viernes en la tarde. Un viernes traté de pagar la nómina, pero a pesar de utilizar todos los medios posibles, no tenía suficiente dinero en la cuenta y no llegaban clientes a la oficina para abonar o pagar por los servicios brindados.

Mi primer paso fue llamar a los clientes con balances pendientes de pago, fui de inmediato al banco a solicitar un préstamo, intenté utilizar una tarjeta de crédito, pero todos estos esfuerzos fueron infructuosos, o contrarios a los que esperaba. Los empleados preguntaban a qué hora les iba a pagar sus salarios. Con mucha calma les respondía: "En un rato cuadramos". La única realidad era que no tenía el dinero completo para pagarles. Pasadas varias horas, "nada sucedía" y nadie llegaba a pagar. Así que en mi inquietud, me fui a lo que llamo "la Oficina de Dios" y allí hablé con el Señor y le pregunté: "Señor, ¿qué vamos a hacer?; mis empleados quieren, necesitan y deben cobrar sus salarios".

Luego de estar un rato orando y hablando con Dios eran cerca de las 4:40 de la tarde, y todavía no sabía cómo responder a los empleados. Como a las 4:45 de la tarde llamó un cliente pidiendo que si lo podía recibir; le dije que sí, que lo iba a atender. Para esa hora, encerrado en mi oficina, había pensado hacer un cheque a cada empleado, pero sabiendo que los fondos eran insuficientes.

El cliente llegó a las 5:15 de la tarde, los empleados seguían esperando. Les pedí que no se fueran, que esperaran a que atendiera al cliente. La entrevista con esta persona fue por una hora y al terminar (un viernes a las 6:15 de la tarde), el cliente me dio las gracias por la orientación, me informó que vamos a trabajar en su caso, y en ese momento me entregó un depósito de $5,000.00 en efectivo.

Realmente grande fue mi asombro y emoción ante la respuesta a mi conversación con Dios. ¿Quién hace esto? Solo nuestro Señor. Cuando nuestra confianza está absolutamente puesta en Él, nunca nos dejará en vergüenza. Su intervención es poderosa, utiliza los recursos que necesite usar y resuelve la situación por más grave que se vea.

En esa misma hora pude pagar los salarios de todos y doy gracias de corazón por tener como principal a mi "Factor Dios". Si Dios sustentó, proveyó y guió a hombres y mujeres de la Biblia en medio de grandes conflictos y aflicciones, si lo ha hecho con otros aquí en la tierra y lo hizo conmigo, también puede hacerlo contigo. Solo tienes que creer que Él todo lo puede, y necesitas contar con Su ayuda y provisión en todos tus asuntos y crisis de la vida.

Una vez que te apropies de este elemento indispensable, tu mente estará despejada y apta para identificar las herramientas que serán de bendición en la solución de tu problema. Entre las herramientas que necesitas, están las siguientes:

1. Desarrollar una buena planificación financiera
2. Buscar la enseñanza, inteligencia y sabiduría para manejar correctamente las finanzas
3. Conocer cuáles son los números de tu presupuesto, tus activos y todo lo que recibes
4. Tener a Dios como prioridad en la ecuación de tus finanzas
5. Conquistar y cultivar la paciencia y la confianza en Dios y en ti mismo
6. Tener convicción y seguridad
7. Ejecutar acciones con la certeza y fe de que Dios te va a ayudar

Después de evaluar y practicar con estas herramientas, verás la solución acercándose para darte la victoria. Muchas de estas herramientas las he mencionado en capítulos anteriores, pero las he repetido porque es de suma importancia aprobarlas y practicarlas.

La fe

En este capítulo me gustaría dar énfasis a uno de los dones y frutos deseados por todos los seres humanos, el cual conocemos como "fe". La definición de fe la encontramos en nuestro manual de instrucciones en el libro de Hebreos, capítulo 11, versículo 1. En ese verso la Biblia define la fe así: *"Es, pues, la fe la certeza de lo que se espera, la convicción de lo que no se ve"*. Para recibir buenos resultados en la práctica de esta exhortación bíblica, es imperativo analizar lo que implican la fe, la certeza y la convicción.

¿Qué significa tener fe?

En la Biblia la fe siempre va ligada a una confianza activa en Dios y Su Palabra. Para el creyente no existe lo que se llama una fe ciega, pues la fe es la respuesta sensible a la voluntad revelada de Dios y los privilegios que le ha prometido a su pueblo. La fe también es el conjunto de creencias y enseñanzas de las religiones, y muchas la definen como el buen concepto que se tiene de las personas, y la seguridad de que lo que se haga sea correcto.

Aquí hago la observación de que si lo que hacemos, lo trabajamos correctamente, no ha sido por nuestros méritos, sino que Dios nos ha estado guiando, llevándonos a tener la certeza de que Él va a cumplir lo que nos prometió. Los hombres pueden fallar, pero Él nunca nos dejará ni nos desamparará, desde el momento que decidamos que sin Él nada podemos lograr.

La fe es un don de Dios, se fortifica al prestarle una atención cuidadosa a la Biblia y practicar las enseñanzas espirituales. La fe viene como resultado de oír el mensaje de las Buenas Nuevas del Evangelio, y el mensaje que se predica es la Palabra de Jesucristo por la cual las personas reciben lo que necesitan para servir a Jesús.

¿Qué significa tener certeza?

También necesitamos certeza que represente ese convencimiento y conocimiento asertivos y exactos para confiar que en el tiempo de Dios se hará realidad lo que te ha prometido.

¿Qué significa tener convicción?

La convicción es tener una fe firme en las cosas que no se ven. La convicción es tener una esperanza segura de una recompensa futura. Debemos ampararnos sobre esa poderosa palabra en Hebreos 11:1, y apoyar la validez de lo que es fe, certeza, y convicción, haciendo énfasis en que nuestra seguridad descansa en las promesas de Dios.

La fe con obras

Una vez que sabemos la manera en que estos términos se definen y lo que representan, regresamos a la esencia de este libro, que es cómo lidiar con nuestras finanzas. Repito que los números señalados en el presupuesto planificado, son los que dirán la verdad del esfuerzo que estamos haciendo para ser libres financieramente. Esta *dedicación a la libertad financiera* va a abrir una brecha cognitiva para ampliar los ojos del entendimiento, para ver dónde hay que empezar para cambiar la situación económica por la cual se esté atravesando.

En repetidas ocasiones las personas se paralizan y no hacen nada para fortalecer sus finanzas. Esperan que todo cambie de alguna forma inexplicable y espontánea. Todo el que esté pensando de esta manera, le sugiero que ¡despierte!, *pues los cambios requieren tomar acción y asumir una actitud correcta para buscar nuevas alternativas de ayuda.*

Los números o partidas que estás viendo en tu presupuesto pueden ser la realidad diaria, pero tienes que convencerte de que esa no es la verdad que Dios quiere para ninguna persona. *Los talentos, capacidades, fortalezas y bendiciones depositados en ti, te catapultan para ser una persona exitosa.* Esto te hace ver que hay personas que han orado por ti, y tu éxito puede ser la contestación de Dios a una intercesión por tu vida y tus finanzas. No pierdas la motivación, pues Dios puede llevarte a ser ayuda idónea, y darte nuevas ideas y proyectos. Solo falta que te animes, decidas, y esfuerces para conseguir y alcanzar todo aquello que se te ha prometido. Una vez te levantes y te decidas a hacer el trabajo que corresponde, vendrá la seguridad de que tienes el mejor respaldo y aprobación; tendrás el apoyo de Dios.

En algunas instancias, es posible que no necesites de un banco, ni de un inversionista, ya que los recursos podrían llegar a tu casa, negocio, y/o te otorga algo nuevo y diferente que no sabrás explicar, ni imaginar, porque Dios ha respondido en forma sobrenatural, ya que Él tiene el poder para hacerlo. Solamente cree que Él puede llevarte a la dimensión financiera que desees, si cuentas con Él en todos tus asuntos financieros.

Muchas veces los préstamos ayudan, pero no son la única alternativa para resolver las crisis financieras. Si pides sabiduría a Dios, y ejerces la fe, la certeza y la convicción de las cuales hemos hablado, estarás en una mejor posición para atender tus asuntos financieros. Es por esta razón que una vez más afirmo que sin Dios y Su Palabra no podemos hacer nada.

Una vez más debes saber:

1. Cuáles son tus números reales del presupuesto.
2. Cuáles son tus herramientas y cómo vas a usarlas.
3. Conocer profundamente para lo que fuiste creado.
4. Reconocer lo que Dios puede hacer contigo y los recursos con los que cuentas.

En resumen, necesitas dirigirte por lo siguiente:
1. Por Dios y Su Palabra.
2. Conocer tus activos y pasivos, ya sea que estén en rojo o en negro.
3. ¿Qué tienes en tus manos para ofrecer?
4. ¿Cuáles son tus talentos?
5. Aprende a escuchar y recibir consejos.
6. Desarrolla un plan de acción.
7. Adquiere enseñanza, inteligencia y sabiduría.
8. Desata o pon tu fe en acción.
9. No te olvides de diezmar y ofrendar constantemente; "Dios bendice al dador alegre".
10. Ora, pide al Señor con fe, certeza y convicción para ver tu milagro.

Los talentos, capacidades, fortalezas y bendiciones depositados en ti te catapultan para ser una persona exitosa.

Cambio mis números porque sé que puedo

Ha llegado el momento de actuar para ver cambios en el presupuesto porque reconozco que se puede. Desde el comienzo de este escrito he presentado e informado sobre las causas de los problemas financieros y cómo por la falta de conocimiento las personas no ven o llevan a cabo algún cambio para sus vidas.

Después de identificar los problemas financieros y comenzar a establecer un plan presupuestario que refleje los números y cantidades reales, estos objetivos pueden ser la fórmula ganadora para actuar y hacer los cambios pertinentes que ayudarán a conectar nuevas perspectivas. La frase "realizar o hacer cambios" quizás la encuentras como una frase estereotipada, pero la he repetido porque después de todo lo que he compartido contigo en capítulos anteriores, me doy cuenta que esa frase representa la verdad sobre un futuro financiero exitoso. Es bien determinante aprovechar las lecciones recibidas para comenzar a hacer cambios positivos para restaurar las finanzas.

Para mostrar cambios notables necesitas empezar a trabajar con la actitud correcta, bien canalizada y diferente a lo que has estado haciendo hasta ahora, que no ha aportado buenos resultados. Moverte a restaurar las finanzas es hacer algo diferente para seguirlo con toda propiedad y autoridad. Recuerda que hacer las mismas acciones del pasado, te llevará a cometer los mismos errores, y la visión se torna oscura para no ver los cambios importantes que se deben realizar.

Espero que este aprendizaje exponga el perfil de por qué has llegado a la crisis financiera en el presente. Es necesario implementar toda esta enseñanza para comenzar con seguridad y firmeza un buen trabajo de restauración financiera. Si recibes la información o la idea correcta, sabes que lo harás guiado de la mano de Dios, quien te dará las estrategias asertivas para triunfar. No dejes pasar el tiempo, pues este pasa y si no lo aprovechas, no vuelves a recuperarlo.

En la trayectoria de la vida siempre han existido las excusas que muchas personas utilizan para no comprometerse. Recientemente, en el libro "Every Excuse in the Book" de Craig Boldman y Pete Matthews[2] leí que "las excusas satisfacen al que las da, pero debilitan el carácter de quien las escucha". Las excusas siempre han servido para llenar de complicaciones y satisfacción a los seres humanos. Por más que nos excusemos ante terceras personas, casi nunca los convencemos de creer lo que decimos para hacer un cambio a nuestro favor.

Las excusas nos acusan y quizás lo que logremos con el uso contínuo de las mismas es que nos eliminen del listado de amistades, otras personas o contactos, haciendo que este comportamiento provoque perder muchas oportunidades. Muchas personas verbalizan sus excusas, las repiten, las adornan, pero siguen

---

2- Mjf Books (1ro. de diciembre de 1999)

siendo justificaciones y pretextos para procrastinar el presente y el futuro sin hacer nada, pero sí frustrando su destino. Mi consejo para ti es no utilizar ni abrazar las excusas, pues detienen el progreso y no debes permitir que estas acciones contaminen tu estilo de vida.

En la vida tendrás éxito cuando delineas tu meta y decides que vas a terminar lo trazado hasta terminar la carrera. No importa los obstáculos o fracasos, cuando te levantas de ellos y sigues luchando hasta llegar a la meta, tendrás éxito. ¿Te imaginas a Thomas Alva Edison desistiendo de su invento de la bombilla luego de intentarlo mil veces?

La contestación es que él no se rindió y lo intentó 1,500 veces más. Gracias a su determinación y entrega hoy lo conocemos como el inventor de la bombilla, y tenemos luz eléctrica. De la misma forma que este científico no se dio por vencido, asume tú también la actitud de triunfador. Esta actitud requerirá grandes esfuerzos, retos y desafíos, pero aunque se presenten obstáculos, en cada ocasión que lo vuelvas a intentar te acercarás más a la victoria, y obtendrás un gran aprendizaje descubriendo lo que va o no va a funcionar.

Elimina toda duda de tu mente. La duda detiene la estrategia y la bendición de Dios, y no te deja conquistar el progreso. Cuando tengas una experiencia difícil o negativa, aprende de ella, analízala y observa qué fue lo que salió mal, para empezar a corregir y sacar provecho de lo aprendido. *Experiencias difíciles más aprendizaje es igual a buenos resultados.*

Como en la historia del científico Thomas Alva Edison, también hay otras historias motivadoras que nos ayudan a seguir sus ejemplos porque siguen aportando enseñanzas que pueden ser parte de la vida. Esas historias siguen marcando y dejando huellas en las aspiraciones de las personas, huellas en la sociedad o en una nación. Tú y yo podemos ser los próximos que con nuestras actitudes correctas y determinantes marquemos o dejemos un legado en la sociedad que vivimos. Para poder lograrlo se necesita una buena disposición de ánimo y un espíritu de perseverancia hasta llegar al final.

Comenzarás en la carrera de los retos, sabiendo que en el camino habrá fracasos y dificultades, pero no serán impedimentos para continuar y alcanzar el objetivo de la meta. Te aseguro que la carrera es larga, pero si persistes y no te rindes descubrirás los triunfos que obtendrás si te esfuerzas y tomas la decisión de trabajar por ellos hasta alcanzarlos.

Decide hoy poner en práctica tus destrezas. Quizás Dios al igual que a mí te está inquietando a escribir un libro y contarles a otros tus experiencias e historias. Analiza tus destrezas y anímate a usarlas para el beneficio personal y colectivo. Te pregunto: ¿Qué libro o de cuáles temas estás dispuesto a escribir? ¿Qué esfuerzo extra harás para poner en evidencia tus destrezas? ¿Qué cambios vas a empezar a realizar? Siempre recuerda y dalo por hecho: Tú puedes, pues Dios te hizo un triunfador.

En el tránsito de la vida siempre descubrirás buenas razones para iniciar un proyecto o alguna actividad. En la conquista sobre estas iniciativas encontrarás obstáculos en el camino, y es ahí donde tendrás que decidir si continúas esforzándote, o te detienes y te rindes sin dar la batalla hasta el final.

En este caminar hacia el éxito se acercarán personas con información negativa, con espíritu de desánimo para llevarte a ver el fracaso como único vehículo a manifestar. Muchas voces negativas vendrán a desilusionarte, pero debes tomar la decisión de seguir hacia adelante, en lugar de unirte a los que se rinden fácilmente y utilizan la vía del fracaso como la alternativa necesaria. De esta manera y con mucho empeño podrás ver cada día y en cada paso que la meta estará más cerca de lograrla. Anímate, decídete, y enfócate para que todo lo que comiences en la restauración financiera no lo dejes a mitad del camino, sino que luches con firmeza en todo lo que emprendas y lo defiendas hasta el final de tu destino.

Ante esta gran premisa incorporo diez frases para que las adoptes y te apropies de las mismas, cuando alguien quiera detener o interrumpir tu futuro. Te exhorto a meditar en ellas para que sepas escoger las que vas a utilizar ante los nuevos cambios de actitud que vas a desempeñar.

Razones para los cambios de actitud que necesitas hacer para iniciar la carrera de restauración financiera hasta llegar al final:

Porque estaré en disposición y
determinación de no rendirme nunca

Porque deseo, anhelo y sé que voy a tener
las fuerzas para llegar a la meta

Porque tengo la seguridad para pensar
que soy un triunfador

Porque voy a evitar posponer
los asuntos de mi vida

Porque no voy a usar más excusas

Porque quiero ser promovido para
llegar a otro nivel

Porque quiero dejar un legado y
ser el ejemplo de mi familia

Porque no nos hicimos nosotros mismos, sino que Dios nos creó para Su Gloria

Porque soy más que bendecido

Porque quiero imitar y seguir el ejemplo de Jesucristo descrito en la Palabra de Dios

No sé cuál de estas razones vas a escoger, pero es importante seleccionar varias y seguirlas como herramientas provistas por Dios para impactar tu vida. No te desvíes ni te apartes de Su camino, y te darás cuenta que si todo lo trabajas con ahínco, tendrás éxito.

Anímate, decídete, y enfócate para que luches con firmeza en todo lo que emprendas, y lo defiendas hasta el final de tu destino.

Hacia la reorganización

Todo lo que he expresado hasta aquí demuestra que cada persona tiene la capacidad y el potencial para ejercer un buen manejo en sus finanzas. Los bienes y el capital en mano siempre van a señalar cuál es la realidad de tus finanzas en determinados momentos, pero esto no significa que prevalezca así, sino que con buenas asesorías tus finanzas pueden cambiar.

Recuerda que una cosa es la realidad de la crisis financiera por la que estés pasando, y otra es la verdad que Dios presenta para cada persona en particular. Dios nos ama y quiere bendecir a todas las personas que confían en Él. Nos quiere bendecir con salud, prosperidad, y canalizando nuestro destino para conquistar el éxito. Queremos y debemos ser prósperos en todo, para que crezca en nosotros el deseo de bendecir a otros.

Así que no te asustes o te asombres por lo que descubras en la reorganización de las finanzas. Ese descubrimiento de activos y pasivos financieros no se han desarrollado de la noche a la mañana, sino que sutilmente y sin darse cuenta, las mismas personas provocan sus crisis financieras.

Hoy te presento un nuevo sistema de confianza de valores y de seguridad personal. Permite que la guía y el asesor de tus finanzas sea primero nuestro Dios, para que puedas ver cambios significativos y comenzar a caminar en un nuevo estilo de vida. Si has analizado los resultados obtenidos de los números financieros, vas a notar lo que te muestran en el presente. Esos números señalan el perfil por lo que has trabajado ocupando tiempo para cambiar tus circunstancias económicas.

Ahora que conoces sobre finanzas y los números del presupuesto, el paso más importante a seguir es decidir reorganizar todo lo que tenga que ver con bienes. Decide a nivel individual o en familia, hacer cambios para tomar las riendas de la vida en forma diferente, guiado por Dios. No dejes pasar ni un solo minuto para hacer esta reorganización. El tiempo es muy valioso y lo vas a necesitar para poner en orden tus planes financieros, pues es sobre ese fundamento que vas a conquistar lo que Dios tiene preparado para que inicies tu vida con nuevas expectativas.

No busques la sabiduría y el consejo en vecinos o amigos que no nutren, ni edifican con sus palabras. Tú eres único y Dios lo sabe, y tiene un trato especial y particular con cada persona que se acerca y confía en Él. Él es el camino, la verdad y la vida, y nuestra confianza viene de Él y Su divina voluntad.

Para lograr caminar sobre estas verdades es necesario tomar las medidas adecuadas. Aunque Dios es primero en todo, es importante buscar un mentor que tenga conocimientos en finanzas y te inspire a iniciar el proceso de reorganización.

¿Qué es un mentor?

Es una persona que se constituye en un maestro, consejero, o guía, que tiene la capacidad necesaria para ayudar en los procesos de cambios y reestructuración financiera. Este mentor es un profesional en las tareas que ejerce. No es tu amigo, por lo que podrá confrontarte y empujar tu personalidad a seguir por el camino correcto. Este mentor debe ser elegido por la persona que necesite intervención, y es sabio que compartan las mismas creencias, y que conozcas su trayectoria como asesor financiero para que puedan hablar el mismo idioma y entenderse mejor. Cuando se accede a una consulta con un mentor, o asesor financiero, esa persona debe tener un buen testimonio y debe guiarse por Dios primero para convencer y ayudar a las personas en sus procesos financieros.

El aconsejado debe saber que aunque ese mentor ame a Dios, su asesoría no va dirigida a congraciarse y/o aceptar todas las excusas que lleves a la consejería.

Su labor es escuchar con atención a cada persona, respetándola y motivándola a corregir y aprender de los errores cometidos en sus finanzas. Tú, como aconsejado, usarás su asesoría para dirigir, estudiar y analizar las diferentes situaciones financieras, y esto lo trabajarás con conocimiento, inteligencia y sabiduría. Recibirás consejos sabios y de ayuda, no de críticas o malas interpretaciones, pues el propósito de la asesoría financiera es llevar tu vida a otro nivel de pensamiento.

Cuando permites que un mentor de finanzas te ayude en la reorganización de tus finanzas, apreciarás haber encontrado una persona confiable con quien hablar de tus conflictos económicos. Después de escucharte atentamente, esta persona considerará trabajar contigo en tres cosas básicas.

1. Dar su opinión a lo expuesto
2. Confrontar y analizar las causas que provocaron la crisis
3. Establecer un plan de sabios consejos en asesoría financiera y evaluar después si el plan ha sido efectivo

Todas estas premisas son diferentes, pero te sacudirán, te sacarán fuera de la inercia económica, y te pondrán a pensar cómo alcanzarás la victoria bajo la dirección de Dios.

Cuando un profesional en su campo accede a darte un consejo es porque domina el conocimiento sobre esa área y puede responder con sabiduría lo que le preguntas. Él tiene más información relativa al tema de finanzas de lo que tú puedas saber, y la ayuda personal que te brinde expandirá tu conocimiento y te ayudará a ver con claridad cuál es la estrategia viable a seguir.

Cuando este experto expresa su opinión, está verbalizando lo que ha analizado o discutido contigo relacionado a la situación presentada. Te puede proponer un buen plan de planificación financiera anticipando los posibles resultados, y utilizando diferentes mecanismos para combatirlos. En resumen, hará un estudio cuidadoso de la crisis ocurrida para examinar cuáles han sido las consecuencias arrastradas con esta situación. Así es como único se pueden ver los objetivos específicos que han sido causa de haber llegado tan lejos hasta el grave problema financiero.

Si en vez de una opinión satisfactoria el experto manifiesta una crítica, daría lugar a que tú, como cliente, traigas tu propia opinión sobre la instrucción que has recibido. La crítica desde un punto de vista puede ser positiva, negativa, y constructiva.

- La crítica positiva induce a las personas a provocar cambios productivos para iniciar nuevos procesos financieros.

- La crítica negativa es una crítica adversa que pone a las personas en la posición de mantenerse en sus propios criterios de pensamiento para no reaccionar ni actuar ante la situación económica que atraviesan.

- La crítica constructiva va dirigida a establecer una opinión de valor que motive y ayude a promover a las personas a otra dimensión financiera.

La persona que selecciones como mentor no necesariamente tiene que ser un profesional en el área de las finanzas, pero sí debe ser honesto, honrado, y de buen entendimiento. Debe ser una persona que por sus frutos resalte su calidad humana y sobre todas estas características, alguien que ame a Dios y se deje usar por Él. Esa persona puede ser tu esposo, esposa, un familiar o amigo si cumple con los requisitos descritos anteriormente.

En nuestro manual de instrucciones "La Biblia", en Génesis, capítulo 2, versículo 18, se establece lo siguiente: *"y dijo Jehová Dios: "No es bueno que el hombre este solo; le haré ayuda idónea para él"*. Cuando escogemos nuestro cónyuge de acuerdo al diseño de Dios, sabemos que Él nos da la esposa idónea o el esposo idóneo. Esto implica que el esposo no puede alcanzar por sí solo todo lo que está llamado a ser y hacer. Ella es la que entiende, complementa y hace un equipo con su esposo para ponerse de acuerdo y estar en unidad. Los dos como matrimonio se nutren de sabiduría, buscan el conocimiento bíblico y se ayudan a superar cualquier adversidad. La ayuda idónea es necesaria para el trabajo diario, el apoyo y compañía mutua siempre guiados por Dios.

Dios no se equivoca, conoce nuestras necesidades y sabe que contar con tu cónyuge es de suma importancia para que ambos trabajen por su bien común. Esa persona de confianza también puede ser un pastor, contable, abogados y/o consejero financiero.

Lo importante es que la persona que selecciones ame a Dios y practique lo que la Palabra enseña que es, que donde dos o más estén reunidos en Su Nombre lo que pidan se les concederá, y lo mejor para pedir es prestar atención sobre cuál debe ser el camino para transitar. La persona escogida debe saber que antes de presentar cualquier decisión es imperativo orar, buscar el consejo divino y actuar con cordura y sabiduría.

Una vez que has seleccionado el mentor y te asegures de cuál voz de consejo vas a escuchar, entonces comienzas a trabajar en los cambios estructurales que deben realizarse. Esta ejecutoria te pondrá en la línea de hacer un análisis de todo lo que posees y necesitas para dar margen a eliminar todo lo que esté de más.

Una cosa es la realidad de la crisis financiera, y otra es la verdad que Dios te presenta.

capítulo

Cambios estructurales

Un buen ejemplo de lo que prescribo es hacer pensar y activar al lector de que si vive solo o con su familia y poseen varios vehículos, pero se ha presentado una baja financiera, hacer ajustes sería lo más conveniente. Una buena idea podría ser poner en venta algunos de los automóviles para poder balancear las finanzas. Este balance puede conseguirse con la venta de varios autos en lo que vuelven a crecer las finanzas. Con esta medida te libras del cuidado de los vehículos, de su mantenimiento, y obtendrás dinero líquido o efectivo disponible en tus manos para trabajar las finanzas.

No te aconsejo vender todo lo que posees, pero sí salir o eliminar algunos inmuebles y/o muebles que no tienen mucha utilidad o pueden ser una carga económica por los costos adicionales que pueden implicar. Tienes que ver cuál o cuáles son los vehículos funcionales para poseer, y si después de analizar las finanzas se requiere hacer ajustes, entonces debes ser práctico. Ante esta descripción, debes considerar cómo contestar sobre lo siguiente:

1. ¿En qué condiciones están los automóviles?
2. ¿Cómo determinas cuál vehículo está en mejores condiciones?
3. ¿Cuánto pagas por el mantenimiento del automóvil?
4. ¿Cuál es la utilidad de cada automóvil?
5. ¿Cuánto es el ahorro de cada automóvil?
6. ¿Cómo cambia tu cuadro financiero con la liquidación o venta de los autos?
7. ¿A qué le sacas más provecho; a la venta o a la retención del vehículo?

8. Aunque retengas la unidad más cara, no necesariamente has escogido la mejor opción. Cada caso debe ser analizado individualmente. Las decisiones de una persona en esta situación financiera, no tienen que ser las mismas que se consideren viables para otras. Antes de tomar la decisión de quedarte con el vehículo más caro en el mercado, debes tomar en consideración cuáles serían los costos de mantenimiento y otros gastos relevantes a esta unidad.

Así como has leído este ejemplo, puedes hacer lo mismo con las propiedades. Es indispensable hacer un estudio completo que incluye las siguientes variables.

1. El valor actual de la propiedad
2. Verificar la tendencia de venta en el mercado
3. Tener en cuenta los gastos de impuestos
4. Examinar de cuánto es la deuda de la propiedad
5. Revisar el potencial de ingresos
6. Conocer el uso actual de la propiedad
7. Evaluar sobre el mantenimiento y su costo
8. Ver cuáles son las alternativas que ayuden a resolver la crisis financiera en el presente

Una vez que tienes este análisis, estás preparado para examinar los gastos o ingresos. Esta partida es recomendable verla en tres grupos:

1. Diezmos y ofrendas

El diezmo es el 10% de tu ingreso bruto y la ofrenda es la oportunidad de agradar y obedecer a Dios, provocando que extienda Su Mano a tu favor. Esto representa que la ofrenda no tiene un porciento fijo como el diezmo, sino que ofrendamos lo que de corazón queramos ofrecerle a Dios. Si necesitas más información al respecto te dirijo a leer en nuestro manual de instrucciones "la Biblia", Génesis 28, versos del 10-22.

2. Gastos esenciales para vivir

Estos gastos deben ser los inherentes y necesarios para vivir bien. En este renglón no se incluyen las preferencias o gustos que quieras obtener; estos vendrían luego de organizar y trabajar fuerte con tus finanzas. Recuerda que Dios conoce todo de tu persona, todos tus movimientos. Si decides estar en Sus caminos, cumpliendo y obedeciendo Su plan, tus privilegios y deseos Dios te los concederá y te dará más de los que esperas.

3. Acreedores y las deudas contraídas

Es necesario saber el concepto de cada deuda, su balance y pago mensual, y el tiempo que falte para saldarlas. Una vez que obtienes esa información, restas tus gastos de tus ingresos para evaluar si los números del presupuesto han terminado en positivo o negativo. Si no lograste ver tus números en positivo, empieza a hacer cambios y ajustes hasta llegar a conquistar la libertad financiera.

Una vez es conocido el presupuesto, se estudia profundamente cómo eliminar deudas para ajustar los balances. Los ajustes que puedes realizar van a depender de los ingresos y gastos. Recuerda que hay asuntos económicos que son esenciales. Sin embargo, hay otros que puedes ajustar a tu presupuesto. Empieza con los recortes en los gastos ordinarios, luego ajusta tus deudas, pues con esta acción estás más cerca de consolidarlas y lo más importante aún, es que además podrías consolidar los balances de las tarjetas de crédito.

Algunos consejos para dar estos pasos son los siguientes:

1. Elimina todos los gastos innecesarios.
2. Reduce alguna partida de los gastos ordinarios.
3. Reduce tus salidas para comer fuera de la casa.
4. Reduce tus gastos en actividades y entretenimiento (fiestas y diversiones).
5. Si puedes, consolida tus préstamos en uno.
6. Consolida las tarjetas y quédate con las menos posibles. Si haces esto, no canceles la tarjeta de crédito que quieres poseer, pero úsala con prudencia, en casos de emergencia, o no la utilices.

7. Considera aumentar los ingresos mediante horas extras en el trabajo, obtener un segundo empleo o mediante la liquidación de activos que utilizarás, primero para ofrecer ofrenda a Dios, para liquidar deudas y generar dinero para tenerlo disponible en cualquier momento.

No te asustes por lo que estés enfrentando, pues tus ingresos representan el premio que estás recibiendo por el esfuerzo del trabajo realizado hasta este momento. Puede ser que en ese esfuerzo descubras que necesitas otro empleo o un trabajo por un periodo corto. Quizás también descubras que necesitas estudiar una carrera para recibir más remuneración por menos tiempo invertido. No importa la decisión que tomes, sabes que vas a necesitar hacer transiciones en tus finanzas y las podrás hacer, ya que Dios ha provisto las herramientas de autoridad, conocimiento, inteligencia y sabiduría para lograrlo. Con Su cobertura, dones y talentos depositados en nuestras vidas podemos hacer la diferencia para alcanzar la meta financiera requerida.

En otras palabras, la presentación de gastos y deudas ante los acreedores será la demostración de confianza ante ellos de que puedes responsabilizarte y cumplir con el pago de las deudas.

Es importante saber que el buen crédito representa obtener privilegios que te ayudarán a proteger lo que devengarás en el futuro. El que vive esclavo de su crédito debe pagar más en sus cuentas, y tiene que estar esforzándose y trabajando hasta extenuarse para mantener su posición.

Así que el potencial para salir de esa esclavitud existe en cada persona, el deseo de cambiar el pensamiento está latente, pero todavía hay muchas personas batallando con lo que tienen que soltar para obtener libertad financiera.

No hay que desanimarse, pues cuando se está muy cargado o comprometido con el crédito, los acreedores no prestan más y cancelan toda transacción financiera. Mi consejo a los lectores es tratar de no llegar a esos niveles financieros, pues serán esclavos de los prestatarios. Debemos tener la precaución de no obtener todo lo que nos ofrecen a crédito. Debes entender que tu bendición vendrá, que será la contestación de una oración intercesora que otro hizo a tu favor. Tú serás de bendición. Solo es cuestión de poner la casa en orden, y tú sabes, yo sé que tú sabes, que con la bendición de Dios, lo podrás lograr.

A los cambios sigue el plan

Les sugiero que tengan una libreta en mano y empiecen a escribir cuál es el plan o la proyección financiera para los próximos meses, o el próximo año. El plan puede ser flexible y variado. Si la proyección a largo plazo es estudiar, establecer un negocio, independizarte o casarte para formar una familia, es importante trabajar con un gran esfuerzo y firme seguridad para llegar a la meta trazada en la planificación.

Cuando estén programados y/o preparados, entonces se hacen acercamientos con las agencias o personas que los orienten y les provean información de lo que quieren empezar a realizar.

Esta búsqueda será la inspiración para vencer los obstáculos del camino y obviar las interferencias que impidan llegar a la meta establecida. Las dificultades se convertirán en oportunidades de confianza, esperanza y retos superados.

Mientras más alta sea la proyección o la meta escogida, mayor será el precio que hay que pagar por conquistarla. Aunque no será fácil, tampoco será imposible para Dios ayudarnos a alcanzarla. La Biblia declara en la carta de Filipenses, capitulo 4, verso 13 *"Todo lo puedo en Cristo que me fortalece"*.

Después de saber que no hay nada imposible para nuestro Dios en ayudarnos a lograr nuestros sueños, debemos seguir hacia adelante actuando con inteligencia. Pero, ¿cómo lo hacemos? Aquí algunas recomendaciones:

1. Apresurar el plan trazado.
2. No trabajar en la planificación hasta identificar cuál situación financiera en particular necesita más atención.
3. Después de identificada, hay que buscar ayuda, asesoramiento e información.

La información no debes buscarla con vecinos o amigos, sino con los profesionales aptos y expertos que puedan nutrirte de sus conocimientos para que así todos aprovechen y se beneficien de sus enseñanzas.

Anímate, no tires la toalla, no te rindas, pues el camino es largo y con tropiezos, pero con la mano de Dios guiándote podrás ver que ese camino es colorido, bonito, feliz y excitante. *"Solo esfuérzate y sé valiente"* (Josué 1:9).

Dios está contigo y ambos son un equipo ganador y victorioso.

capítulo

¿Cuándo debo hacerlo?

En la vida todo tiene su tiempo. Cuando buscas en el manual de instrucciones, la Biblia, específicamente en el libro de Eclesiastés, capítulo 3, versos 1-15, podrás entender con más claridad lo que te digo. Dios nos dice en esa porción bíblica que tenemos tiempo para reír, llorar, aborrecer, sembrar, y al final tenemos derecho de cosechar y recoger el fruto de lo que has sembrado para empezar a disfrutarlo.

Dios mismo entendió que en el curso de la vida no todo va a salir de forma espontánea o inmediata, sino que va a ser de acuerdo al orden divino y el curso frecuente u ordinario de los eventos. En este proceso cada asunto o cada respuesta van a tener su momento específico y definido. Si te fijas en la labor de la creación del mundo, Dios estableció un orden y un plan de trabajo para dar apertura a la creación. Toda esta dinámica se realizó cuando Dios vio una situación de desorden en la tierra. Dice nuestro manual de instrucciones, o sea la Biblia, en Génesis 1:2: *"y la tierra estaba desordenada y vacía…"*. En otras palabras, la tierra estaba en un caos total. ¿Por qué he utilizado este verso como fundamento? Porque una vez que reconoces tener una situación difícil o un problema financiero, aunque lo hayas analizado y estudiado, sabes que transitas por el caos o desorden financiero, por lo que debes considerar pasar a una segunda etapa.

Esta segunda etapa es muy importante, ya que entras en el proceso de determinar cómo vas a enfrentar ese desorden, cómo lo vas a trabajar y, sobre todo, con cuáles herramientas vas a solucionarlo. Este proceso requiere determinación personal, fuerza de voluntad y un compromiso serio para reparar el problema financiero y solucionarlo.

Ahora bien, esto no representa que tengas que detenerte, o no intentes hacer nada, pues se requiere una participación activa de tu parte para creer y ver el milagro de la ayuda de Dios sobre tus finanzas.

Los problemas financieros no se resuelven sin que las personas involucradas en los mismos se esfuercen, se dediquen y se entreguen a lograrlo. Hay que tomar acciones de emergencia y positivas donde te dirijas y actúes con el favor de Dios para que esté contigo en toda toma de decisión. La crisis financiera la verás como una carga muy pesada, pero con Él a tu lado esa carga será ligera y fácil de remover.

Cada momento de crisis es una oportunidad para evaluar y comenzar con nuevas fuerzas a conquistar lo perdido. En cada instante aparecen las oportunidades para desatar la bendición en tu vida. Cada minuto que vivimos son circunstancias favorables e ideales para tomar acción y redirigir nuestras vidas. El momento es ahora, no lo dejes pasar por nada, Dios quiere restaurarte.

Para lograr obtener lo que he señalado, es necesario establecer un orden y preparar un esquema de trabajo.

Primero – Reconoce que ya no quieres estar en ese compás de espera. Confiesa que ya estás cansado de ver problemas en las finanzas, y no soluciones. Declara tu deseo de querer buscar alternativas para resolverlo.

Segundo – Piensa que ya no quieres seguir con la carga o la presión que ejercen las deudas en tu vida. *Las deudas incomodan y hacen que las personas sean esclavos de los prestatarios. Quitan tiempo también de trabajar con otros elementos valiosos en la familia, afectan el futuro y por ende, detienen la bendición.*

Tercero – Tienes que desear ser libre para pensar, actuar y ejecutar adecuadamente. Cuando eres libre tienes la seguridad de lidiar mejor con tus circunstancias. La mente genera y desarrolla ideas que fluyen en una nueva visión para comenzar a adquirir los dones y talentos dados por Dios a cada persona.

Cuarto – Hay que reconocer que no quieres ser una carga para tu familia ni para la sociedad y aunque no lo merezcas, la misericordia de Dios es nueva cada mañana para cubrirte. Hay que levantarse a ser productivo. El ser útil permite sostenerte por ti mismo para ser prosperado, adquirir valores, viajar y sustentar la familia. Si eres empresario, el ser productivo te motivará a crear nuevos empleos que ayuden a afirmar el sostén de varias familias, buscando soluciones para quienes lo necesiten. En fin, tendrás libertad para desarrollar, generar, producir y ser de bendición para la sociedad en que vives.

Quinto – Hay que demostrar que quieres aportar, para ser de utilidad y ejemplo para la familia, la comunidad y para Dios. Una vez que eres libre porque has trabajado con tus problemas financieros, te conviertes en una persona de ejemplo para ser imitado por tu familia, amigos y todas las personas con quienes trates. También el plan de Dios para tu vida se cumple, y comienzas a ver los beneficios provistos para disfrutarlos y hacer buen uso de los mismos.

Sexto – Créele a Dios y cree en ti, porque mereces otra oportunidad. Tú sabes que no hay que subestimarse porque naciste para triunfar. Tú eres único y genuino; no eres un error ni un fracasado. Con Dios de tu lado, eres un ganador y ese es un derecho que te otorga el Creador. Ese decreto te garantiza que cuando caminas, trabajas y te diriges bajo Sus estatutos siempre llegarás a puerto seguro.

Séptimo – Debes entender que todos los puntos aquí descritos te dan una razón más para aportar sobre lo que has aprendido. No es solamente un mero potencial, sino que Dios te ha capacitado para levantarte de la adversidad. Dios te creó para que en Su voluntad te enseñorees, para que domines y tengas autoridad por medio de Él. El deseo del corazón de Dios es que fructifiques, que representa tener el valor y la confianza de sostener la familia, educarla y cubrir todas sus necesidades. Dios nos ha otorgado poder y autoridad para llenar la tierra, dirigir, y tomar control de todo lo que con Su gran amor deposita en nuestras manos.

Todas estas cualidades son características de líderes que aman a Dios, personas llenas del poder de Dios, personas que viven para servirle a Él y no escatiman el trabajo en Su Reino, personas de ejemplo, que no son cargas para otras, personas generosas, y sobre todo, personas a emular.

Todo esto demuestra que *no hay tiempo para perder, el tiempo es ahora*. Cada día que pasas sin motivarte y sin hacer cambios dejas de recibir la bendición especial que Dios tiene preparada para tu vida y para tu familia.

Si los espacios de tu mente están vacíos y en desorden, la bendición no puede llegar. Tienes que renovar tu mentalidad, dejar que la presencia de Dios habite en tu casa, y orar para que tus finanzas sean bien administradas. No importa por lo que estés pasando, una vez que conoces al Señor, le entregas todo lo que posees, y Dios ocupará todos los espacios vacíos para que tu vida tome otra dirección, otro rumbo que tenga sentido y seguridad en Él. Debes desear con todo tu corazón dar otro giro a tu vida para que te salga bien y te levantes como un gran ganador con la ayuda del Señor.

En la Biblia, específicamente en el libro de Josué, capítulo 1, verso 2 dice lo siguiente: *"Mi siervo Moisés ha muerto; ahora, pues, levántate y pasa este Jordán…"* Como podrás interpretar, esta es una orden que Dios le dio a Josué y hoy nos la da a nosotros también. La orden es clara, el tiempo es ahora, no esperes ni un minuto más para cumplir con la orden que se te ha conferido. No es tiempo de posponer. Comienza a levantarte, y verás cómo el resultado y las soluciones a tus crisis financieras empezarán a cambiar positiva y beneficiosamente.

Cada día que pasas
sin hacer cambios,
dejas de recibir
la bendición especial
que Dios te tiene
preparada.

16
capítulo

Hacer mucho con poco; ¿cómo es eso?

Dios conoce todo el potencial y las capacidades que ha depositado dentro de ti, pero, ¿conoces tú sobre ese depósito en tu estructura interna? Todo potencial puede desarrollarse, pero es necesario que colabores con Dios para realizarlo. Nuestro Dios es misericordioso y solo te dará para trabajar lo que puedas manejar sin poner más cargas en ti de las que puedas sobrellevar. En la medida que empiezas a adquirir sabiduría, conocimiento e inteligencia y los dispones a producir, te darás cuenta cómo es que se desata un poder divino dentro de ti que provoca ubicarte en una posición de autoridad.

La posición de autoridad no es dar licencia para levantar la voz o gritar, sino que se trata de saber ejecutar deberes responsablemente y actuar con prudencia y entendimiento. Es necesario tener en cuenta y buscar con diligencia ese potencial que hay dentro de ti. Comienza a identificar tus talentos y los dones que Dios te ha otorgado. Prepárate en las áreas que necesites hacerlo, estudia si es eso lo que debes hacer, cumple en todo y con todo lo que demanden de ti, y tendrás la recompensa en ver de inmediato buenos resultados.

Dios te conoce y sabe que con lo que tienes puedes hacer mucho para multiplicarlo. Y tú, ¿lo crees? No puede ser que los acreedores y las personas que te rodean se den cuenta de las capacidades que Dios ha puesto sobre tu persona, pero tú no lo has podido identificar.

Aquí te presento varios ejemplos:

1. Una bola de baloncesto en tus manos quizás sea un objeto más de diversión o de poco valor. Sin embargo, esa misma bola en las manos de Michael

Jordan es de incalculable precio y de mucho valor. Algo tan sencillo como una bola de baloncesto provocó que Michael Jordan sintiera que en ese deporte desarrollaría su futuro, su prosperidad, su fama y todo lo que ha aportado a la sociedad.

Desde luego que estos triunfos no fueron obtenidos de la noche a la mañana. Desde joven Jordan tuvo que esforzarse, dedicarse y entregarse a este deporte con todas sus fuerzas. Para llegar al nivel de un gran jugador, tuvo que trabajarlo, demostrar su potencial, y descubrir que él era bueno en ese deporte de baloncesto. Poco a poco fue perfeccionando las destrezas de las jugadas que lo ubicaron en otra dimensión, otro nivel profesional.

De igual manera tú también tienes un potencial. Tus problemas son el puente para cruzar hasta llevarte a nuevos comienzos, pero tienes que conocer cuáles son tus áreas de crecimiento, estudiarlas y superarlas. Un sencillo ejemplo utilizado en las finanzas es que si sumas dos más dos y no sabes el resultado exacto, te has ganado un problema que requiere que busques la respuesta, y que razones para dar con el resultado. Una vez que calculas que el resultado es cuatro, ya no hay problema matemático.

Cuando esa dinámica esté resuelta, ya estás listo para resolver e involucrarte en otras situaciones más difíciles. Hasta que no superes los temores y la falta de confianza en tu persona, no podrás moverte y accionar en otro nivel. Estas circunstancias representan que hay un propósito específico y definido para tu vida. *Hay tareas grandes que te esperan y puedes hacer, pero debes descubrirlas. Una vez descubras esto, el cielo es el límite para alcanzarlas.* En la escala de valores personales, y haciendo lo correcto, podrás aprender que Dios no establece límites; los límites se los imponen las personas. Esto es así por el miedo que les da hacer cambios e iniciar nuevos proyectos y resoluciones. Les repito que el miedo paraliza a las personas, no las deja progresar, provoca la duda y detiene la bendición de Dios.

2 Según vimos en el ejemplo bíblico, cinco panes y dos peces en las manos de un niño se verán de poco valor, pero los mismos cinco panes y los dos peces en las manos de Jesucristo, nuestro Salvador, alimentó a más de cinco mil hombres, sin contar las mujeres y los niños, y aun sobraron doce cestas. Dios es experto en el principio de la multiplicación. Él sabe que con poco se puede hacer mucho y es un gran ejemplo que nos da el manual de instrucciones, la Biblia.

En uno de los capítulos de este libro mencioné el testimonio de la falta de efectivo que en un momento dado no tuve para cubrir la nómina de empleados. Aunque esto sucedió, el compromiso con mi profesión y mi entrega al trabajo no menguaron ni apagaron mi fe en ningún momento. Toda esa vorágine financiera difícil la puse en las manos de Dios, y pude ver su intervención cuando recibí el milagro financiero que necesitaba. Recibí dinero en efectivo un viernes a las 6:00 de la tarde, y pude pagar la nómina de empleados y dar gracias al Señor por Su atención y respuesta a mi oración. He puesto en las manos de Dios mi habilidad para orientar y la dedicación de mi trabajo en la confianza que Dios utiliza lo que hago para honrar a mis empleados. Solo Dios sabe hacer que la atmósfera en mi trabajo sea de armonía, y por eso afirmo y doy toda la Gloria y el Honor a Él.

3 Unas redes de pescar en las manos del apóstol Pedro, luego de pasar toda la noche en el mar, no recogieron ningún pez; pero la misma red en las manos de Jesucristo recogió y llenó dos barcas de peces. Este ejemplo bíblico nos enseña que cuando tenemos toda nuestra confianza en Dios, se desata la bendición sobre nuestras vidas. Hay que trabajar, actuar y caminar bajo Sus estatutos sin dudar en el corazón para ver y recibir el milagro que estamos esperando.

Piensa y responde: ¿estás en la posición de creer firmemente en Dios? ¿Estás de acuerdo y en la disposición de poner tus finanzas en las manos de Dios para obtener una buena administración y buen manejo de las mismas? ¿Tendrás la libertad y firmeza de permitirle a Dios actuar en todos los asuntos financieros? Dios nunca falla, siempre llega a tiempo, no ha perdido ni una batalla, es fiel a Su Palabra y si Él dijo que lo va a hacer, créelo que lo hará. Conociendo esta verdad, ¿qué esperas para entregar tu vida y problemas de finanzas a Dios? Tu problema financiero tiene solución. Tu crisis no ha llegado para derrotarte, sino para darte la oportunidad de crecer, hacer cambios y buscar soluciones para resolver cualquier problema financiero o de otra índole.

4. Otro ejemplo bíblico: Un poco de aceite en las manos de una pobre viuda no tuvo efecto de producirse. El mismo aceite en las manos del profeta guiado por Dios enriqueció a aquella viuda, el aceite también se multiplicó, la viuda pagó sus deudas y vivió cómodamente con lo que sobró. ¡Así es la provisión de nuestro Dios! No es lo que tienes en tus manos, sino cómo lo estás utilizando. Para obtener la bendición, debes identificar y darle valor a lo que posees. Si Dios lo hizo con ellos, también lo hace con nosotros, solamente con lo que tienes. Preséntalo ante Él, ora y según tu fe, recibirás el milagro que estás esperando.

En este nivel de la lectura ya debes haber identificado lo que posees, pero si todavía no lo has hecho, sugiero que detengas la lectura por un momento. Busca papel y lápiz y contesta las siguientes preguntas:

1. ¿Qué tienes o posees en tu casa?
2. ¿Qué puedes hacer con lo que posees?
3. ¿Qué valor tiene lo que posees?
4. ¿Qué problemas puedes resolver a nivel personal o en la comunidad con lo que posees y sabes?

5. ¿Cómo puedes multiplicar lo que posees?

6. ¿Qué puedes hacer para poner lo que posees a la disposición de Dios?

7. ¿Cuáles son tus talentos?

8. ¿Cómo los estás usando?

9. ¿Cuántas veces has examinado o revisado tus números financieros?

10. ¿Cuál es tu plan de liquidación de deudas?

Como las historias aquí redactadas hay muchas más, y la tuya que está por escribirse. Pero esto no será hasta que decidas ocuparte de hacer la diferencia, pensar que lo vas a lograr, y saber que no hay límites para restaurarte si Dios está de tu lado, ayudándote.

Las historias bíblicas que he presentado en este libro demuestran cómo Dios estuvo involucrado en todas y cómo todo lo relacionado con Él es real y verdadero. Si lees estas historias, aprenderás que Dios es el mismo ayer, hoy y por todos los siglos, entiende tu situación difícil, y todavía sigue haciendo milagros todos los días de nuestras vidas.

En cada capítulo de este libro, hemos estado ilustrando y enseñando sobre la manera correcta en que deben verse los números de un presupuesto, y en particular sobre las finanzas del hogar. La realidad es y mi experiencia así lo demuestra, que los patrones de comportamiento de mal manejo de las finanzas se repiten y también las historias de escasez financiera, pero estas variables pueden superarse cuando contamos con nuestro Creador, quien es el experto ofreciendo y supliendo soluciones.

No hay necesidad de desesperarse, ni entrar en tensiones, dudas, o niveles altos de ansiedad. Confiar en Dios absolutamente es la clave para motivarte y comenzar a ver cambios positivos en tu vida. Te recuerdo que hay una diferencia entre realidad y verdad. Una cosa es la realidad de la persona, la cual es cambiante en cualquier momento; otra es la verdad de Dios que no cambia, que es una, está en Su Palabra y tiene poder para transformar toda adversidad.

Cuando analizamos las crisis, en la mayoría de las personas las finanzas están en rojo o en negativo. Esta circunstancia no tiene por qué permanecer así, sino que buscando la sabiduría divina, la condición cambia, se abren puertas y Dios te bendice.

En esa búsqueda de sabiduría, recibes respuestas, opciones, negocios extraordinarios y hasta lo que no te imaginas; como recibir una herencia o dinero sin esperarlo. Cuando damos la prioridad a Dios, todos vamos en la trayectoria del éxito, cancelando por completo el camino del fracaso.

No te detengas ni lo pienses más, corre a caminar bajo Sus estatutos, y no te arrepentirás cuando veas ante tus ojos cómo tu presupuesto y finanzas se han alineado produciendo paz y prosperidad en tu persona.

Otra historia bíblica que deseo compartir es sobre las minas a las cuales se hace referencia en el Evangelio de Lucas, capítulo 19, versos del 12 al 27. Esta historia trata sobre unas minas que el dueño dejó a sus siervos. Las minas representan las oportunidades de negocios para que una persona pueda prosperar de acuerdo a su capacidad e inteligencia. El amo dejó las minas en las manos de tres siervos, quienes por sus talentos podían trabajarlas bien. A uno le dejó 10 minas o diez negocios; a otro le dejó 5 minas o 5 negocios y al último 1 mina o un negocio. A cada uno le dio según sus habilidades. El primero negoció, multiplicó lo que tenía y produjo 10 minas más; el segundo también negoció, multiplicó lo que tenía y produjo 5 minas más; pero el tercero escondió su mina, no hizo nada, no la multiplicó y el amo le quitó aun lo que le había dado.

Esta historia nos enseña que Dios no está pendiente a si eres más listo, más sabio, o más inteligente que otros. Lo que Él desea y demanda es que te esfuerces, trabajes con lo que tienes y lo hagas producir. En el mundo de los negocios no todo es color de rosa. Hay veces que se gana y otras que se pierde, pero esto no debe alterarte o provocar falta de entusiasmo en ti. Si la tarea que tienes delante de ti es la correcta, hazla, para que puedas salir adelante.

Si tienes que estudiar, dar pasos seguros, adquirir sabiduría, conocimiento e inteligencia, búscalos, date la oportunidad, pues esto aplicado a cualquier negocio desarrollará entrega, esfuerzo, dedicación y trabajo fuerte para producir ganancias. Esto no falla, pues es el complemento de todo negocio exitoso.

Hay que desempeñar fielmente nuestras responsabilidades. *El uso prudente de las habilidades y capacidades confiadas a nosotros nos trae mayores oportunidades.* Desaprovecharlas no solo hace que las perdamos, sino también que seamos privados de lo que ya tenemos. Dios quiere que aprovechemos al máximo las oportunidades que se nos presentan, y usemos nuestro conocimiento en forma productiva. Esto es así, porque donde hay duda, temor, ansiedad e inseguridad, el camino es tenebroso y conduce al fracaso y a la derrota. Cuando confías en Dios, estos elementos negativos mencionados deben ser cancelados y sacados fuera de tu mente para ver que si Dios es contigo, nada peligroso o negativo vendrá en contra tuya o de tu familia.

Examinemos este ejemplo de solo números financieros:

- Una empresaria tiene un negocio que produce $1,000.000.00 (un millón de dólares) al año. Sus gastos son de un 60% y las deudas para generar esta producción son de un 20%. El neto sobrante es de un 20%.

- Otro comerciante genera $100,000.00 (cien mil dólares) al año; sus gastos son de un 30% y las deudas para generar su producción son de un 20% también.

Te pregunto:

1. ¿Quién de los dos ganó más?
2. ¿Cuál de ellos fue mejor administrador?
3. ¿En cuál de ellos pondrías tu confianza?
4. ¿Cuál de los dos fue más efectivo o asertivo?

Eso mismo pasa con tus finanzas y tu presupuesto personal. ¿Has podido analizar los dos ejemplos e identificarte en ese cuadro? En todas las preguntas expuestas, las respuestas están contestadas en el segundo ejemplo que hizo más ganancias con menos presupuesto, y tú puedes hacerlo también. Saca provecho de todo lo que tienes y de todo lo que haces, para multiplicarlo. Conoce bien lo que posees y utilízalo para tu beneficio en todo momento, pues todavía no conoces ni sabes lo lejos que puedes llegar con una buena planificación financiera. Solo resta decirte que con lo que posees, los talentos que Dios te ha dado y bajo Su dirección no habrá límite, ni nada ni nadie que pueda impedir tu conquista y motivación para recuperar tus finanzas. *Busca tu punto de partida y determina empezar a hacer cambios con lo poco que recibes, pero cree que esto te llevará a lo mucho, si confías en Dios.*

Hay tareas grandes
que te esperan,
pero debes descubrirlas.
Una vez las descubras,
el cielo es el límite
para alcanzarlas.

¡Todo lo puedo!

¡Qué frase más poderosa! Esta expresión utilizada en este último capítulo manifiesta una actitud de triunfo por vencer los obstáculos encontrados en el camino, y darnos cuenta de que vamos llegando a la meta señalada y escogida.

Hasta ahora todo lo que hemos dialogado, descrito y examinado sobre las finanzas nos demuestra que es una realidad caer en graves crisis económicas. Sin embargo, esta realidad no es la verdad absoluta que debe prevalecer o tomar dominio de esta situación.

Tus habilidades y esfuerzos serán las herramientas poderosas para levantar el ánimo y comenzar de nuevo. Te he repetido varias veces la importancia de esforzarse, pero el elemento esencial para conseguirlo es incluir a Dios en todas las ecuaciones de las finanzas. Es con el favor de Dios sobre nosotros que todas las adversidades financieras o de otra índole toman un giro diferente.

En Filipenses 4:19 la Palabra de Dios nos instruye sobre lo siguiente: *"Mi Dios, pues, suplirá todo lo que os falte conforme a sus riquezas en gloria en Cristo Jesús"*. Este verso significa que hagamos todo lo que el Señor nos dice y nos prosperará. También este versículo nos dice que Dios suplirá nuestra necesidad con algo diferente y definitivo: *"conforme a sus riquezas en gloria"*. Al declarar esta palabra, Dios nos deja claro que no es mezquino a la hora de proveer. Sus "riquezas" abarcan toda la creación, de manera que ¡no hay nada que necesites que Él no pueda proveer!

Este verso representa todas las cosas que las escrituras nos dicen que hagamos con el fin de prosperar, porque somos dirigidos por Él, bajo sus condiciones y con Su bendición. En este día tienes que enfrentarte a un nuevo reto, y es conocer bien cuáles son tus números financieros y de presupuesto, no para enojarte o pelear por el mal manejo de los mismos, sino para trabajar confiadamente hasta convertirlos de una realidad poco atractiva a una verdad de Dios absoluta.

Decide que todo va a ser diferente, que tomarás el control de tu vida para entregársela a Jesucristo y comenzar a activar sabiamente en tus finanzas basadas en Sus estatutos y normas bíblicas. Debes entender que si tu vida hasta ahora ha sido un caos, o una vorágine de desorden, esto puede provocar que tu mente y tu corazón te lleven a pronunciar, "no puedo" o "no se puede hacer nada más". Estos escenarios pueden hacerte incompetente, reforzando que no podrás lograrlo y que no encontrarás quien te pueda escuchar para darte el consejo apropiado.

Tengo buenas noticias para ti, amigo lector. Todo ese ambiente negativo quedó en el pasado y ahora, guiado por Dios, tu vida será diferente. Dios quiere posicionarte en una actitud de triunfo, de campeón, y con Su ayuda todo se alineará a Su orden. Te exhorto a llenarte del aprendizaje de Su Palabra, pues con la misma recibirás la actitud y aptitud de reconocer que todo se puede en Cristo. Él te da las opciones de lograr alcanzar la meta trazada, de hacerte un triunfador, y ubicarte en otro nivel para que declares que con la capacidad de inteligencia, sabiduría divina y para Su Gloria, te levantarás con nuevas estrategias y nuevos comienzos.

Dios no te dejará en vergüenza y suplirá todo lo que necesitas para salir triunfante. Te recomiendo seguir estos pasos que servirán de estandarte en tus nuevos comienzos.

1. Planifica y ordena tu vida (permite que Dios planifique y ordene).
2. Toma el control de tus emociones y permite que Dios te guíe.
3. Conoce la realidad de los números actuales en tu presupuesto.
4. Llena tu vida del conocimiento de la Palabra de Dios.
5. Presenta tus finanzas ante la presencia de Dios.
6. Utiliza la enseñanza del banco de Dios y Su matemática divina.
7. Desarrolla y establece tu presupuesto.
8. Identifica y cuantifica todo lo que posees.
9. Reconoce cuál es tu ingreso mensual.
10. Determina y señala cuánto necesitas para la restauración de tus finanzas.
11. Decide cómo vas a trabajar con aquellas cosas que no utilizas.

12. Busca un mentor de confianza para que te ayude con las finanzas.
13. Asegúrate de escribir primero tus diezmos y ofrendas en tu lista de gastos.
14. Haz una lista de los gastos personales que son prioridad en tu vida.
15. Prepara una lista de todas las deudas contraídas.
16. Establece un plan de acción y trabajo dirigido a liquidar todas las deudas (porque se puede lograr).

Sobre todas estas variables, cuenta con Dios en todo y para todo porque solo con Él lograrás ver el progreso en la restauración de tus finanzas.

No pienses en el crédito, aunque es bueno tenerlo. Más bien piensa que si tienes los recursos, todos los que te conocen querrán prestarte. Únicamente aprende a dirigir tus finanzas bajo el esquema de Dios. *No tengas miedo, pues podría paralizarte. Tú no estás formado para detenerte, sino para accionar tus capacidades para moverte de triunfo en triunfo y de victoria en victoria.*

Estudia diariamente y frecuentemente tu Manual de Instrucciones, la Biblia, y busca tener comunicación constante con tu Creador, pues Él sabe lo que más te conviene de acuerdo a Su voluntad.

Por último, y no menos importante, deseo con mi corazón que repitas esta oración:

SEÑOR, en este día y a esta hora, te entrego mi vida y declaro públicamente, por la convicción que he recibido a través de la lectura de este libro, que lo sepa todo el mundo; que Jesús es el Salvador del mundo, que murió en la Cruz del Calvario por nuestros pecados y resucitó para darnos vida y vida en abundancia. Desde hoy mi vida te pertenece. Escribe mi nombre en el libro de la vida. Prometo caminar en tus estatutos; úsame en todo lo que desees y haz de mí una nueva criatura, en Cristo Jesús. ¡Amén!

Si hiciste esta oración, la Palabra de Dios declara que todo aquel que confiesa a Cristo Jesús como su Salvador, se le concede la potestad de ser hijo de Dios (ver Juan 1:12). Dios está contigo, y guiará tu vida de ahora en adelante. Busca una iglesia donde congregarte; y sí, te invito a visitar la iglesia donde me congrego, Fuente de Agua Viva en Carolina, Puerto Rico. Allí te esperamos con los brazos abiertos y con mucho amor.

Hasta mi próxima edición literaria. Espero hayas disfrutado de esta lectura y que la misma sea de bendición para tu vida y puedas compartir con otras personas las enseñanzas aquí recibidas.

¡Te bendigo en el Nombre Poderoso de Jesús!

Epílogo

El momento de Dios

Como mencioné al principio de este libro, hace cuarenta años que practico la profesión de abogado. Al principio de mi carrera profesional pensaba que lo sabía todo, que el trabajo sobre cómo aplicar las leyes lo podía ejercer solo, con mis fuerzas humanas y sin necesitar a nadie para que me ayudara. Poco a poco fui observando que todo lo que hacía era en una lucha constante, y muchas veces los trabajos que hacía no salían bien. En muchas ocasiones pensaba y me preguntaba: ¿Qué está pasando?; ¿Por qué los asuntos legales no salen como quiero?

Entonces decidí comenzar a evaluar mis ingresos, descubriendo que cuando llegaban a mis manos, la fila de acreedores esperando por sus pagos era tan grande que lo recibido no alcanzaba para pagar, y no sobraba dinero para cumplir con todos los compromisos financieros. Para el año 1996 y en específico para el mes de junio de ese año, analicé que mi vida profesional y mi vida personal transitaban por el camino incorrecto. Todo lo que observaba a mi alrededor eran decepciones, frustraciones y fracasos. En lo personal me había divorciado varias veces, mis hijas vivían fuera de Puerto Rico y la debacle financiera seguía en su furor.

Una de mis hijas decidió regresar para vivir conmigo, pero el reto de educarla y guiarla por el camino correcto se hizo fuerte. El área financiera estaba en las ruedas de abajo y todo mi entorno pintaba mal. Una noche salí de mi oficina cargado emocionalmente y hastiado de la difícil situación financiera y de todas las áreas concernientes a esta gran adversidad. Tomé la decisión de hacer fiesta, refugiarme en el alcohol y pasarla bien.

El mismo día que salí de la oficina para irme de fiesta, ya Dios estaba hilvanando un plan diferente para mí. Esto lo testifico para bendición de todos los que lean este escrito. Ese día me fui a hoteles, pedía tragos, pero no podía tomarlos. Invitaba a bailar a las damas que estaban en ese lugar y no querían bailar conmigo, ni tan siquiera dirigirme la palabra. Esa noche me moví de lugar en lugar, pero todo lo que pasaba conmigo seguía igual. Como a las 4:00 a.m. entré a una barra de mala reputación pensando que allí sí iba a encontrar la paz que necesitaba, pero resultó ser igual que los otros lugares visitados.

A esa hora decidí manejar hasta mi casa, pero en el camino comencé un diálogo con Dios. Llegué a mi habitación, continué mi diálogo con nuestro Creador y allí en mi habitación, llorando y hablando con Él, tomé la más importante y mejor decisión de mi vida: entregarle mi vida y toda mi carga a Jesucristo, el Salvador de la humanidad. Declaro con convicción que desde ese instante todo cambió.

Al principio de mi conversión todo parecía igual, pero normal. Tenía la misma profesión, la misma casa, el mismo auto, y las mismas deudas, pero forjando un destino diferente de amor, conocimiento y sabiduría. El presupuesto seguía en negativo, pero ya había cambiado la técnica para mejorarlo. El ambiente no era algo que se podía palpar, pero sí podía sentir que la atmósfera había cambiado. Sabía en mi corazón que no estaba solo, que había un Dios Todopoderoso que velaría mis pasos y me dirigiría a puerto seguro.

Busqué una iglesia cristiana para congregarme y en el mes de junio de ese año (1996) entregué mi vida a Dios públicamente. De inmediato comencé a estudiar la Palabra de Dios, a diezmar, ofrendar, orar y enfocarme en Dios y Su Palabra para darle la prioridad en todo lo concerniente a mi vida. Los asuntos personales y profesionales empezaron a cambiar. Mi obediencia a Dios, como dice el Manual de Instrucciones, comenzó a dar frutos. Cuando estamos en el camino correcto, buscándolo a Él, cuando servimos y trabajamos en Su obra, en Su Reino, vemos cómo las bendiciones fluyen y nos alcanzan para seguir dando frutos.

Hoy puedo testificar cómo las bendiciones empezaron a llegar para mi persona. De inmediato comencé a recibir nuevos clientes, nuevos contratos, los clientes pagaban sus servicios legales fielmente, las finanzas comenzaron a fluir, y pude superar la crisis financiera y volver a la prosperidad personal y financiera. Todo el trabajo comenzó a multiplicarse en mis manos, y así descubrí que la forma de Dios tratar con el ser humano no es como la nuestra, pues en Su voluntad siempre nos dará lo mejor.

En esos momentos toda mi aflicción fue cancelada y pude aprender que Dios tiene un plan divino y perfecto para todos los que somos imperfectos, pero creemos en que no hay nada imposible para que Él trabaje a nuestro favor. Por medio de mi profesión puedo ser de bendición a otras personas para que busquen la provisión divina, y se den cuenta de todas las bendiciones que Dios tiene para nuestras vidas.

El Señor me ha concedido muchas bendiciones y vivo agradecido todos los días porque sigue tratando con mi vida, equipándome con nuevas enseñanzas, inteligencia y sabiduría. He aprendido que todos los días tengo la oportunidad de aprender, aunque la enseñanza venga de un niño. De ellos y otras personas recibimos enseñanzas proactivas y educativas.

Cada día dirijo mis pasos confiadamente, viendo cómo Él prospera mis caminos y me rodea de personas que nutren mis conocimientos y me ayudan a usar la sabiduría en todo lo que decido trabajar. Este aprendizaje ha permitido que me deleite en orientar y aconsejar a otros en las diferentes necesidades que presenten y en muchas facetas de sus vidas. Declaro ante cada lector de este libro que estos privilegios solamente se consiguen a través de la obediencia a Dios.

Mis números financieros cambian todos los días, los tuyos cambiarán también, pero es imperativo conocer que Dios está en control de nuestras finanzas por la fe, certeza, convicción y seguridad puestas en Él como nuestro Proveedor que nunca nos va a fallar.

Esto requiere una gran responsabilidad de nuestra parte, ya que constantemente hay que estar pendientes de las finanzas, seguir Sus instrucciones, hacer lo que nos demanda para no desviarnos de Sus principios. Esta aseveración me ayuda a enfocarme correctamente para no equivocarme y no volver atrás a gastar en lo que no necesito, y en gastos innecesarios que socavan el fundamento de lo que he aprendido.

Fíjate que no es porque no pueda gastar; es que si lo hago de manera desordenada, estoy pasando por alto el plan financiero que Dios ha diseñado para mí y para mi familia. Las bendiciones que Él quiera otorgarme son para que en cada momento de mi vida glorifique Su Nombre, cuente mis testimonios a otros para que sean bendecidos, y lo más importante, demuestre que Dios es real y verdadero, y que cubre y cubrirá nuestras vidas en todas las áreas necesarias.

En el Manual de Instrucciones, la Biblia, en la carta de 1ra Corintios, capítulo 10, verso 23, se expresa: *"Todo me es lícito, pero no todo conviene; todo me es lícito, pero no todo edifica"*. Esta porción bíblica nos exhorta a tener carácter y no ejecutar acciones que afecten la conciencia de otras personas. Todo lo que existe le pertenece a Dios, pero hay algunas cosas que no lo glorifican y pueden herir los sentimientos de otras personas. Guíate siempre por tu conciencia, tu corazón, y por el camino correcto trazado para tu persona. No tomes por el camino quizás equivocado de tu vecino, ni el de tu parentela; más bien solo toma el camino de la verdad, que es donde está guardada tu bendición, y es lo que todos debemos anhelar.

Te recomiendo no pelear más con los números del presupuesto. Conoce tus números financieros en su totalidad. Si todavía estás viendo partidas en negativo, aprópiate de la confianza que te ofrece el Todopoderoso y espera, pues el milagro financiero está por desatarse y darás testimonio de lo ocurrido por la manifestación del poder de Dios. Decide abrir tu cuenta financiera en el banco de Dios, realiza tus depósitos de diezmos y ofrendas con gozo y convicción, y verás cómo las finanzas comienzan a restaurarse y a crecer abundantemente.

Es importante observar precaución, pues ojo: no debes confundirte a reaccionar positivamente ante los caminos del hombre en el mundo, sino conquistar el discernimiento para reconocer que el verdadero camino es el de Él, con Él y por Él por todas las generaciones.

La Palabra de Dios me ha mostrado esta verdad en mi vida, lo he sentido y experimentado. Hoy más que nunca puedo decir y exhortar que con Dios todo se puede. Él ha cambiado mi estilo de vida, soy una nueva criatura gracias a Su gran misericordia, y no puedo dejar de proclamar el amor tan profundo que tiene para mi persona y toda la humanidad.

Hemos llegado al final del libro y siempre todo final requiere un resumen. Este libro te ha enseñado sobre finanzas, sabes que con Dios todo lo puedes, y sé que desde hoy comienzas una nueva vida financiera.

Espero que el libro, tus notas y la Biblia sean tus asesores financieros desde ahora en adelante, y que a la misma vez tú puedas hacer lo mismo con otras personas.

Si tienes alguna duda, vuelve al libro y consulta con tu manual de instrucciones, la Biblia, y verás cómo tu vida financiera será única en tu diario caminar.

Anímate a trabajar
con tu presupuesto.
Recuerda que Dios y tú
son un equipo ganador.

Apéndice

No tires la toalla. Tú puedes cambiar tus números.

La solución de tu crisis financiera requiere diversos pasos que te he detallado y repetido lo necesario a través de este libro. Para resolver los problemas económicos, igual que otros problemas, debes ser consciente de ellos, aceptarlos, enfrentarlos y conocerlos bien, además de saber cómo llegaste hasta ellos. Entonces preparas el plan o la estrategia, y verás que sales de ellos utilizando la enseñanza, el conocimiento y la sabiduría bajo la dirección de Dios.

Para tu beneficio, resumo aquí los pasos que detallo en el libro para que venzas tu crisis.

Paso 1: Conoce tu situación

A. Responde a estas interrogantes:

    1. ¿En qué situación económica te encuentras ahora?

    2. ¿Cuál es la realidad de tu problema actual?

    3. ¿En qué momentos no permito que Dios intervenga en la administración de mis bienes/finanzas?

B. Analiza lo siguiente y ponlo en práctica:
1. Identifica en qué situación económica te encuentras
2. Verifica tus números y señala las áreas vulnerables de tu presupuesto
3. Examina los recursos que tienes disponibles
4. Planifica cuidadosamente cómo vas a trabajar
5. Verifica los ingresos que necesitas para combatir o salir del problema económico
6. Escoge con prudencia dónde buscar ayuda
7. Sé diligente buscando a Dios en oración para guiarte a puerto seguro
8. Acciona la fe y decide cómo te vas a enfrentar a esta problemática. ¿Te enfrentas solo; en pareja, o con toda la familia?
9. Después de haber evaluado todas estas vertientes, te sentirás en confianza para buscar la enseñanza y la sabiduría que te ayudarán a vencer en esa aflicción

C. Examina tu condición emocional producto de tu crisis financiera. Contesta con honestidad estas preguntas:
1. ¿Te sientes deprimido, triste o en crisis?
2. ¿Sientes que tus estados de ánimo han decaído ante la crisis financiera?

3. ¿Sientes que tus fuerzas se han debilitado y ya no quieres seguir luchando?
4. ¿Sientes que todas las responsabilidades caen sobre ti y todo se viene abajo?
5. ¿Qué áreas puedes identificar que son las más que te afectan?
6. ¿Te has detenido a estudiar y analizar por qué estás en esa condición y de qué se trata?
7. ¿Has buscado la forma o las vías de escape para combatir tu situación?
8. ¿Confías en que Dios puede abrir puertas para ayudarte?
9. ¿Has tratado de ir a la presencia del Todopoderoso Dios para hablarle y pedirle dirección?
10. En tu intimidad con Dios, ¿has clamado por tu condición y situación difícil?

Paso 2: Antes del presupuesto, hacer lo siguiente:

Antes de hacer el presupuesto, debemos preparar un listado del inventario que se necesita para producir con responsabilidad, y llegar a la meta de lo que queremos lograr en la administración de los bienes que poseemos. Esto es vital, ya que los bienes han sido estructurados para cumplir con las exigencias de la sociedad en que vivimos.

1. Preparar una lista, lo más detallada y exacta de lo que tenemos
2. Preparar un listado de todas las deudas contraídas (esto incluye nombre y dirección de los acreedores, los números de cuenta, el pago mensual, los pagos pendientes para el saldo, y el balance final adeudado)
3. Preparar una lista de todos los ingresos generados
4. Preparar otra lista con posibles ingresos extras, ya sea de ventas, trabajos extracurriculares, tales como tutorías, consultores de productos de belleza, u otras formas en que hayas ganado dinero
5. Preparar una lista de tus gastos ordinarios y recurrentes
6. Elaborar un plan de trabajo para producir un poco más con los ingresos laborales, organizar las finanzas, y hacer reajustes en los pagos
7. Organizar el tiempo y llevar agenda en armonía con el calendario
8. Establecer metas a corto y a largo plazo
9. Considerar revisar todo inmobiliario que no se necesite, para ponerlo en venta con el propósito de que el dinero adquirido se use para reducir o liquidar las deudas
10. Revisar mensualmente el plan de trabajo para evaluar e identificar los logros obtenidos

Paso 3: Preparar tu presupuesto

De acuerdo a este *Modelo de Presupuesto*, llena las partidas correspondientes:

Entradas	Mensual	Anual
Salario Semanal x 4.3		
Salario Quincenal x 2		
Salario Bisemanal x 26/12		
Salario Mensual		
Pensión		
Bono o Intereses		
Rentas		
Retiro		
Otros		
Entradas TOTAL		

Gastos Ordinarios		Mensual	Anual
Renta (Alquiler)			
UTILIDADES	Agua		
	Luz o electricidad		
	Teléfono		
	Celular		
	Internet		
	Cable TV		
	Gas Fluido		

Gastos Ordinarios		Mensual	Anual
MANTENIMIENTO	Casa		
	Reparaciones de equipos		
	Sustituciones de equipos		
	Piscina		
	Vecindario		
	Grama (Jardinero)		
	Personal		
AUTO	Pago Automóvil		
	Gasolina		
	Peaje		
	Estacionamiento		
	Reparaciones de auto		
	Sustitución de auto		
SEGUROS	Inversiones		
	Responsabilidad pública		
	Auto		
	Médico		
	Otros		
SALUD	Doctores		
	Medicinas		
	Laboratorios		
	Otros		
EDUCACIÓN	Colegio de los niños		
	Tutorías		
	Materiales de educación		
MISCELÁNEOS	Compra de alimentos		
	Almuerzos		
	Entretenimiento		
	Ahorros		
	Diezmo y ofrendas		
	Lavandería		
	Otros (según cada persona)		

	Gastos Extraordinarios	Mensual	Anual
PRÉSTAMOS	Personales		
	Hipotecarios		
	Tarjetas de crédito		
	Estudiantiles		
	Autos		
	Familiares		
DEUDAS	Contributivas		
	Médicas/dentales		
	Reparaciones		
	A favor de algún familiar		
	Gastos de hospital		
	Multas administrativas		
MISCELÁNEOS	Líneas de créditos		
	Líneas de reserva		
	Préstamos de equidad		
	Préstamos co-firmantes		
	Préstamos compra equipos		
	Otros		

Paso 4: Responde estas preguntas:

1. ¿Cuáles son tus números reales del presupuesto?
2. ¿Cuáles son tus herramientas y cómo vas a usarlas?
3. ¿Conoces profundamente para lo que fuiste creado?
4. ¿Qué tienes en tus manos, en tu casa?
5. ¿Cuáles son tus talentos?
6. ¿Qué puedes elaborar o crear con lo que tienes?

7. ¿Cuál es tu sentir sobre dar prioridad, o separar el diezmo de Dios?
8. ¿Cómo distribuyes tu ofrenda a Dios?

Haz lo siguiente:

1. Establece siempre cuáles son tus prioridades
2. Prepara la lista de todas tus deudas
3. Cree que un milagro puede ocurrir y desatarse ante tu mirada
4. Establece acuerdos con tus acreedores y comienza a pagar poco a poco, o según generas ingresos
5. Reconoce lo que Dios puede hacer contigo y los recursos con los que cuentas
6. Trata de no volver a cometer los mismos errores con tus finanzas
7. No inviertas ni gastes dinero en lo que no necesitas
8. Verifica que tus gastos sean los esenciales

Paso 5: Desarrolla una buena planificación financiera

1. Busca la enseñanza, inteligencia y sabiduría para manejar correctamente las finanzas
2. Conoce siempre cuáles son los números de tu presupuesto, tus activos y todo lo que recibes

3. Ten a Dios como prioridad en la ecuación de tus finanzas
4. Conquista y cultiva la paciencia y la confianza en Dios y en ti mismo
5. Ten convicción y seguridad
6. Ejecuta acciones con la certeza y fe de que Dios te va a ayudar

Paso 6: Trabaja en los cambios de actitud que necesitas hacer para iniciar la carrera de restauración financiera hasta llegar al final. ¿Por qué? Estas son tus razones:

1. Porque estaré en disposición y determinación de no rendirme nunca
2. Porque deseo, anhelo y sé que voy a tener las fuerzas para llegar a la meta
3. Porque tengo la seguridad para pensar que soy un triunfador
4. Porque voy a evitar posponer los asuntos de mi vida
5. Porque no voy a usar más excusas.
6. Porque quiero ser promovido para llegar a otro nivel.
7. Porque quiero dejar un legado y ser el ejemplo de mi familia.
8. Porque no nos hicimos nosotros mismos, sino que Dios nos creó para Su Gloria.

9. Porque soy más que bendecido.

10. Porque quiero imitar y seguir el ejemplo de Jesucristo descrito en la Palabra de Dios.

Paso 7: Después de saber que no hay nada imposible para nuestro Dios en ayudarnos a lograr nuestros sueños, debemos seguir hacia adelante actuando con inteligencia. Pero, ¿cómo lo hacemos? Aquí algunas recomendaciones:

1. Apresurar el plan trazado

2. No trabajar en la planificación hasta identificar cuál situación financiera en particular necesita más atención

3. Después de identificada, hay que buscar ayuda, asesoramiento e información

Dios no te dejará en vergüenza y suplirá todo lo que necesitas para salir triunfante. Te recomiendo seguir estos pasos que servirán de estandarte en tus nuevos comienzos.

1. Planifica y ordena tu vida (permite que Dios planifique y ordene)

2. Toma el control de tus emociones y permite que Dios te guíe

3. Conoce la realidad de los números actuales en tu presupuesto

4. Llena tu vida del conocimiento de la Palabra de Dios

5. Presenta tus finanzas ante la presencia de Dios

6. Utiliza la enseñanza del banco de Dios y Su matemática divina

7. Desarrolla y establece tu presupuesto

8. Identifica y cuantifica todo lo que posees

9. Reconoce cuál es tu ingreso mensual

10. Determina y señala cuánto necesitas para la restauración de tus finanzas

11. Decide cómo vas a trabajar con aquellas cosas que no utilizas

12. Busca un mentor de confianza para que te ayude con las finanzas

13. Asegúrate de escribir primero tus diezmos y ofrendas en tu lista de gastos

14. Haz una lista de los gastos personales que son prioridad en tu vida

15. Prepara una lista de todas las deudas contraídas

16. Establece un plan de acción y trabajo dirigido a liquidar todas las deudas (porque se puede lograr)

FINAL - Te resumo mis enseñanzas en cinco alternativas de ayuda en tu crisis financiera, y cómo puedes salir de ella:

1. Involucra a Dios en tus finanzas, ora y pídele dirección. Él te la dará
2. Determínate a hacer un compromiso firme y personal de salir de esa situación de forma exitosa
3. Elabora un plan de acción; prepara una estrategia
4. Sigue con tu plan hasta el final; no te rindas
5. Una vez sigas fielmente los cuatro pasos anteriores, verás resultados y llegarás a ser libre financieramente. Disfruta tu triunfo

Acerca del autor

Víctor Gratacós-Díaz sabía que sería abogado, aún desde que cursaba segundo grado. Desde niño siempre tuvo una pasión por ayudar a otros, servir y ser de bendición. En un momento pensó en ser médico para salvar vidas, pero de su abuelo, el licenciado Ángel M. Díaz, surgió la idea brillante de que se hiciera abogado, pues haría lo mismo que el doctor hace: salvar vidas.

Víctor Gratacós-Díaz

Hace más de 43 años que ejerce como abogado, 40 de los cuales se ha especializado en quiebras. Desde el primer día siempre ha representado a los deudores, que son los más perjudicados en las distintas transacciones comerciales.

La intensa trayectoria de su vida empezó en Caguas, donde creció, trabajando desde pequeño en el negocio de su padre en la venta de piezas de autos. Cursó estudios elementales en el Colegio Católico de Caguas y en Notre Dame High School.

Hizo su Bachillerato en tres años en la Universidad de Puerto Rico, Recinto de Cayey, e ingresó a la Facultad de Derecho en la Universidad Interamericana. Decidió dejar el trabajo y dedicarse por completo a sus estudios, y la ayuda económica que recibió de su madre fue fundamental para terminar su carrera. Se graduó de Derecho en diciembre de 1977, en marzo de 1978 tomó la reválida, y en abril de ese mismo año comenzó a practicar su profesión.

Tres años más tarde fue admitido a la Corte Federal y luego de tomar varios cursos empezó a trabajar como abogado especializado en quiebras. "Yo quería hacer algo diferente que no existiera en ese momento en Caguas, mi ciudad de crianza, que me permitiera ayudar a los desvalidos, hacer un nombre de bien, ganarme la vida y sostener a mi familia, y que a Dios lo hiciera sentirse orgulloso de mí", dice el autor.

Gratacós-Díaz se casó en el 1975 y tiene tres hijas adultas de su primer matrimonio: Isangie Mari, Isa Mari y Ana María Gratacós Rosario. Actualmente está casado con Emily Guadalupe desde hace quince años.

Sobre la experiencia transformadora de su vida que narra en este libro, Gratacós comparte: "Desde el año 1996 le entregué mi vida a Cristo, y a partir de ese momento le sirvo al Señor. Esa decisión de servirle a Dios fue fundamental para la transformación de mi vida. Es entonces cuando entiendo que Dios es el que tiene un plan trazado para mi vida, pero a la misma vez me doy cuenta de lo mucho que me quería Dios, y de las muchas cosas que me liberó durante mi vida. Es por eso que sé que desde que nací, desde mi abuelo, desde que me casé, desde que trabajo, desde que aprendí y ayudé a otros, había algo adicional en mi vida que me motivaba a seguir. Cuando le entregué mi vida a Dios el círculo de los pensamientos se cerró, entendí muchas cosas de mi vida y cómo en todo Dios estaba relacionado. Antes del 1996 yo era una persona, y luego de junio del 1996 soy otra", resume.

Igual que supo en un momento que sería abogado, Víctor Gratacós supo hace unos años que iniciaría una nueva carrera como escritor. "Siempre he pensado que la única forma para poder seguir ayudando es dejando un legado, y la mejor forma de hacerlo es mediante un libro que provea información a las personas para que siempre tengan un recurso adonde acudir. Durante 43 años he tenido infinidades de entrevistas y sé que Dios me ha permitido ayudar a otros mediante mi conocimiento. Les he enseñado a muchos, desde clientes, empresarios, amigos, a otros no tan amigos, abogados y compañeros de profesión, a mis parientes, a mis hijas y a mi esposa. Yo deseo que todo el cúmulo de información y conocimientos adquiridos les sirva a otros aun cuando yo no esté. Hoy pretendo dejar un legado de mis conocimientos. Pero este legado necesita la influencia de Dios para ayudar a muchos.

"Hoy y ahora comienzo en mi vida esta nueva etapa de escritor. Sé que Dios me va a guiar, ayudar y educar mediante los recursos que ya Él preparó para mí, como Emily, mi esposa; los Pastores; Ofelia; Sandra; y tantas otras personas que Dios ha puesto en mi camino que son ayuda y estímulo para seguir adelante. Hoy comienzo con este libro que sé que sé que será de bendición a muchas generaciones, pues lo hice con mi conocimiento y la mentoría de Dios, sabiendo que Dios y yo somos un equipo ganador.

"Pienso que luego de este comienzo vendrán otras cosas, pero sé que con Dios lo voy a lograr. Todavía entiendo que tengo muchas cosas que lograr, pero en este nuevo caminar Dios va a estar a mi lado y el trabajo será más sencillo.

"Dentro del campo de la quiebra tengo muchas historias que contar. Cómo se puede negociar con los acreedores. Cómo se puede triunfar a pesar de los fracasos. Cómo las crisis que vivimos nos ayudan a superar nuestro presente. La quiebra al final no es un fracaso, es un nuevo comienzo que nos ayudará a no cometer los mismos errores.

"Dios nos muestra el camino, pero nos toca a nosotros tomar la decisión para andar en el mismo. Yo así lo decidí y he visto cómo Dios me ha bendecido.

"Cierro con decirte que con Dios a tu lado no hay imposibles, pues Dios te ha de guiar a triunfos y más triunfos. Y hoy yo doy testimonio de eso. Ahora en mis títulos tengo los siguientes: esposo, padre, abogado, siervo de Dios, mentor de otros y, por último, escritor.

"Sabe que tú puedes. Anímate y hazlo; con Dios será fácil", concluye el nuevo autor, Víctor Gratacós-Díaz.

VÍCTOR GRATACÓS-DÍAZ

 varondefinanzas@gmail.com
 787.745.7322
 VaróndeFinanzas
VaróndeFinanzas

www.ingramcontent.com/pod-product-compliance
Lightning Source LLC
Chambersburg PA
CBHW020907180526
45163CB00007B/2655